法金指南系列

金融证券
重大合规风险防控指南

马宏伟　金菱　黄非凡　著

MANUAL FOR PREVENTION AND CONTROL
OF MAJOR COMPLIANCE RISKS IN FINANCIAL SECURITIES

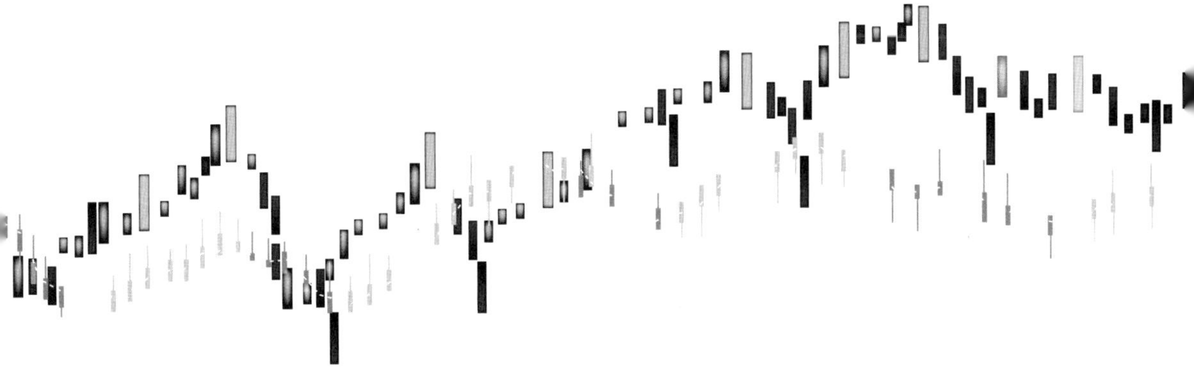

法律出版社 LAW PRESS · CHINA
北京

图书在版编目（CIP）数据

金融证券重大合规风险防控指南 / 马宏伟，金菱，黄非凡著. -- 北京 ：法律出版社，2024. -- ISBN 978-7-5197-9889-5

Ⅰ. D922.287.4

中国国家版本馆 CIP 数据核字第 2024JG8721 号

金融证券重大合规风险防控指南
JINRONG ZHENGQUAN ZHONGDA HEGUI FENGXIAN FANGKONG ZHINAN

马宏伟　金　菱　黄非凡　著

策划编辑 朱海波
责任编辑 朱海波
装帧设计 汪奇峰 臧晓飞

出版发行 法律出版社
编辑统筹 法律应用出版分社
责任校对 蒋　橙
责任印制 刘晓伟
经　　销 新华书店

开本 710 毫米×1000 毫米　1/16
印张 14　**字数** 200 千
版本 2024 年 12 月第 1 版
印次 2024 年 12 月第 1 次印刷
印刷 北京盛通印刷股份有限公司

地址：北京市丰台区莲花池西里 7 号(100073)
网址：www.lawpress.com.cn
投稿邮箱：info@lawpress.com.cn
举报盗版邮箱：jbwq@lawpress.com.cn
销售电话：010-83938349
客服电话：010-83938350
咨询电话：010-63939796

书号：ISBN 978-7-5197-9889-5
定价：58.00 元

著　　者：马宏伟　金　菱　黄非凡

参编人员：姚静君　王美祺　管　珺

支持单位：北京大成（上海）律师事务所
大成资本市场行业委员会
大成资本市场专业委员会
大成合规与风险控制专业委员会
大成上海办公室资本市场行业组
大成上海办公室资本市场专业组

大 成 简 介

☆ **大成**

大成成立于1992年，是中国成立最早、规模最大的合伙制律师事务所之一。经过三十余年的发展，已在中国境内拥有50多家办公室，与在世界范围内80余个国家设有160多个办公室的国际律师事务所Dentons拥有优先合作关系。

☆ **大成上海**

大成上海成立于2001年，是沪上成立最早的一批合伙制律师事务所。目前拥有员工800人左右，执业律师600人左右，其中近一半毕业于海外知名法学院或拥有海外工作经验，可多语言工作。凭借优质的法律服务及出色的专业实力，上海办公室先后获得“全国律师行业先进党组织”“上海市十佳律师事务所”“上海市优秀律师事务所”等荣誉称号。

前　言

在中国经济快速发展的进程中，金融与证券行业的合规与风控问题正日益凸显。尤其是在中国证券市场步入全面注册制的新阶段，监管环境逐渐趋严，企业与从业者面临的法律风险也日益复杂。正是在这一背景下，《金融证券重大合规风险防控指南》应运而生，旨在为从业者提供一份全面且实用的法律指引，帮助他们在日益复杂的法律环境中行稳致远。

本书分为上下两部分，分别聚焦于证券行业和私募基金行业的重大风控问题。

上篇“证券市场高频风险解读”深入探讨了证券市场中常见的重大刑事风险。近年来，证券市场的刑事案件频发，诸如欺诈发行证券罪、内幕交易罪、违规披露罪等案件，不仅严重损害了市场的公正性，也对投资者的信心造成了巨大冲击。本书通过全面梳理对比《刑法修正案（十一）》前后新旧规范，以及结合大量实务案例的分析，帮助读者深入理解这些罪名的构成要件及法律后果，从而更好地在日常业务中避免相应风险。

下篇“私募行业风险管控”则聚焦于私募基金行业的常见法律风险。私募基金行业在中国发展迅速，然而也带来了非法吸收公众存款、诈骗、集资诈骗等各类违法犯罪行为的滋生。私募基金的特殊性在于其资金运作的高自由度与复杂性，这使得风险防控变得尤为困难。本书详尽分析了私募基金在资金募集、投资管理及退出阶段可能面临的法律风险，并提出了有针对性的合规管理措施，帮助私募机构在高速发展的同时，有效降低刑事法律风险。

本书的撰写汇聚了多位实务律师的智慧和经验，旨在为企业管理经营者、金融和证券行业从业者，以及法律专业人士提供切实可行的法律实务指南。我们希望，通过本书的出版，能够为读者在证券和私募基金行业的法律风险管理方面提供有力支持，在日益复杂的市场环境中依法合规、稳步前行。

同时，我们恳请各位读者在阅读本书的过程中不吝赐教，提出宝贵意见和建议，以帮助我们在未来的修订中进一步完善，提升本书的实用性和专业性。我们期待和各位读者进行交流与探讨，共同推动金融和证券行业的法治进程与高质量发展。

目录 CONTENTS

上篇　证券市场高频风险解读

下篇　私募行业风险管控

附录　法律法规汇编

上篇

证券市场高频风险解读

第一章

欺诈发行证券罪

一、法律规定

(一)刑法条文

第一百六十条 【欺诈发行证券罪】在招股说明书、认股书、公司、企业债券募集办法等发行文件中隐瞒重要事实或者编造重大虚假内容,发行股票或者公司、企业债券、存托凭证或者国务院依法认定的其他证券,数额巨大、后果严重或者有其他严重情节的,处五年以下有期徒刑或者拘役,并处或者单处罚金;数额特别巨大、后果特别严重或者有其他特别严重情节的,处五年以上有期徒刑,并处罚金。

控股股东、实际控制人组织、指使实施前款行为的,处五年以下有期徒刑或者拘役,并处或者单处非法募集资金金额百分之二十以上一倍以下罚金;数额特别巨大、后果特别严重或者有其他特别严重情节的,处五年以上有期徒刑,并处非法募集资金金额百分之二十以上一倍以下罚金。

单位犯前两款罪的,对单位判处非法募集资金金额百分之二十以上一倍以下罚金,并对其直接负责的主管人员和其他直接责任人员,依照第一款的规定处罚。

(二)其他相关规定

《中华人民共和国证券法》第十九条、第一百八十一条

《最高人民检察院、公安部关于公安机关管辖的刑事案件立案追诉标准的规定(二)》第五条

《首次公开发行股票注册管理办法》第六条、第三十一条、第三十四条、第五十八条、第六十条、第六十二条

《上市公司证券发行注册管理办法》第七条、第三十八条、第四十四条、第七十一条、第七十三条、第七十五条

《存托凭证发行与交易管理办法(试行)》第十六条、第四十八条

《公司债券发行与交易管理办法》第四条、第三十条

二、构成要件

(一)主体要件

在《刑法修正案(十一)》之前,该罪名的处罚主体范围限于对证券发行文件负有如实陈述相关情况义务的主体(发行人),以及直接负责的主管人员和其他直接责任人员。鉴于证券发行行为的特殊性,单位一般都会被认定为本罪的犯罪主体。

《刑法修正案(十一)》之后,新规增设控股股东和实际控制人为本罪的犯罪主体,更具有穿透性。

1. 控股股东：指股权占比在50%以上或者股权占比虽不足50%，但依其所享有的股权比例，足以对公司股东会、股东大会的决议产生重大影响的股东。

2. 实际控制人：2018年《公司法》中规定实际控制人并非公司股东，而是基于投资关系、协议或者其他行为，能够实际支配公司的人；而2023年《公司法》修订正式删除了并非公司股东这一条件。上海、深圳、北京证券交易所的股票上市规则的规定也并没有“不是公司股东”这个限制（见表1－1－1）。其实，对于实际控制人，法律强调的是它的功能，认定的核心在于是否足以影响公司的经营决策，至于是否具有股东的身份则并不是重点。

表1－1－1　实际控制人的规定

<table>
<tr><td>《公司法》（2018年修正）</td><td>实际控制人，是指虽不是公司的股东，但通过投资关系、协议或者其他安排，能够实际支配公司行为的人。</td></tr>
<tr><td>《公司法》（2023年修订）</td><td>实际控制人，是指通过投资关系、协议或者其他安排，能够实际支配公司行为的人。</td></tr>
<tr><td>《上海证券交易所股票上市规则》（2024年4月修订）</td><td rowspan="3">实际控制人，是指通过投资关系、协议或者其他安排，能够支配、实际支配公司行为的自然人、法人或者其他组织。</td></tr>
<tr><td>《深圳证券交易所股票上市规则》（2024年修订）</td></tr>
<tr><td>《北京证券交易所股票上市规则（试行）》</td></tr>
</table>

（二）客体要件

本罪侵犯的客体是证券发行监管制度和投资者的合法权益，两种所受保护的法益在实践中表现高度一致。特别是证券发行转向“注册制”之后，证券发行文件需要按照规定予以披露，不但在“发行”层面决定了证券是否能够通过“发行申请”，而且在“认购”层面成为投资者判断公司价值的重要依据，直接影响投资者的合法权益。

此外,从立法角度可以认定欺诈发行所保护的客体包括投资者的合法权益。第一,2022年最新修订的《最高人民检察院、公安部关于公安机关管辖的刑事案件立案追诉标准的规定(二)》(以下简称《立案追诉标准(二)》),将“造成投资者直接经济损失数额累计在一百万元以上”作为立案追诉标准之一,可见投资者权益是欺诈发行证券罪的保护对象之一;第二,《证券法》第九十三条规定了发行人对投资者的民事赔付责任,可见投资者的权益也是欺诈发行行为的保护对象之一。

(三)主观要件

本罪的主观方面只能由故意构成,过失不构成本罪。欺诈发行证券罪的规定属于诈骗的一个特殊条款,行为人在主观上具有通过虚构事实、隐瞒真相实施欺诈的故意,即行为人明知自己制作、公布的证券发行文件不是对本次证券发行状况的真实、准确、完整反映,仍然积极实施。

对欺诈发行的行为进行评价,不论是在行政违法抑或刑事犯罪的标准上,都要求具有主观故意,如果发行文件中的不实或差错仅由于过失引起,不能构成欺诈发行,而是可能构成《证券法》第一百九十七条规定的违规披露。

(四)客观要件

本罪的客观行为主要体现在:在发行文件中隐瞒重要事实或者编造重大虚假内容,发行股票、债券、存托凭证等证券。

1. 发行文件的认定

欺诈发行的内容作假只能表现在发行文件之中,《刑法》对发行文件的认定采取了“举例+兜底”的形式,即“招股说明书、认股书、公司、企业债券募集办法等发行文件”。

首先,明确“发行文件”的范围,具体指“发行申请文件”或“申请文件”。《证券法》第一百八十一条规定了欺诈发行行为的行政处罚，采取的是“发行人公告的证券发行文件”这一表述。基于该条规定应当统摄所有证券发行活动的逻辑，对于“发行人公告的证券发行文件”应当向前追溯，指发行人在申请发行证券时的报送文件，也就是“发行申请文件”或“申请文件”，如股东大会决议、财务会计报告等。

其次，正确认识“招股说明书、认股书、公司、企业债券募集办法”，以实质内容进行判断。虽然法条明文规定了这三类发行文件的名称，但是实务中不能仅以名字判断其是否属于发行文件，还应当结合文件的实质内容进行判断。例如，在“某飞马佐里案”①中，辩护人就提出案涉“募集说明书”与法律规定的“募集办法”名称不同，因此“募集说明书”不属于“发行文件”。当然，法院否决了这个意见，法院认为募集说明书与募集办法的功能以及内容相同，具有一致性。实际上，“募集办法”的表述自1993年《公司法》一直沿用至今，尽管实际中逐渐衍生出的“募集说明书”的说法，但笔者认为也应当坚持实质认定的原则，不可将两者区别对待。此外，招股说明书、认股书、债券募集办法等发行文件的附件，也应当视为发行文件的组成部分。

最后，正确判断“等发行文件”，坚持以“同质性”为核心。“等发行文件”作为一个兜底条款，并不代表对发行文件的范围进行扩大，仍然应当坚持“同质性”原则，具体应将“等发行文件”界定为对证券发行具有决定作用，在发行过程中起到的作用与招股说明书、认股书、债券募集办法相当的其他发行文件，如董事会决议、股东大会决议、财务报告等。其中，财务报告应当予以重点关注，从目前已发生的案件来看，财务造假的比例高达90%以上。此外，“等发行文件”不应当包括中介机构出具的证明文件。中介机构在出具的证明文件中实施隐瞒、编造行为的，依据情况不同，由“提

① 江苏省盐城市中级人民法院，(2017)苏09刑初10号。

供虚假证明文件罪”或者“出具证明文件重大过失罪”进行规制。

2. 欺诈发行的具体行为

欺诈发行的刑事规制包括两种行为：一是消极隐瞒重要事实，二是积极编造重大虚假内容。具体指违反《公司法》《证券法》及其有关法律、法规的规定，制作的招股说明书、认股书以及公司、企业债券募集办法等发行文件的内容全部都是虚构的，或者对其中重要的事项和部分内容作虚假的陈述或记载，或者对某些重要事实进行夸大或者隐瞒，或者故意遗漏有关的重要事项等。

不论是消极隐瞒还是积极编造，重点都在“重大性”的认定上。（见表1－1－2）从目前的立法来看，刑事法律层面对于“重大性”的认定，主要依据《立案追诉标准（二）》（2022）对影响财务数据的重要信息的规定，包括资产、营业收入、利润、重大诉讼、仲裁、担保、关联交易或者其他重大事项；行政法律层面对于“重大性”的认定，主要依据《证券法》对影响股票、债券交易价格的重大事件[①]的规定，包括重大投资行为、重大交易、股权结构重大变化，等等。

当然立法并不能穷尽所有“重大性”行为，在具体认定之时还应当以保护的法益为衡量标准。例如，在“某飞马佐里案”中，法院即采用此种标准，以正反逻辑来判断造假内容是否达到“重大性”。一是反证逻辑，即如果不对相应的信息进行隐瞒或编造，公司发债申请是否能够成功；二是正向判断，即该隐瞒或编造的信息是否能够影响潜在投资者的认知和立场。据此，结合这一正一反，法院认定该编造的文件已达到“重大性”标准，属于欺诈发行中的“编造重大虚假内容”。

---

① 《证券法》第八十条、第八十一条。

表1-1-2　欺诈发行中"重大性"的认定

《立案追诉标准(二)》(2022)第五条	1. 虚增或者虚减资产达到当期资产总额百分之三十以上的; 2. 虚增或者虚减营业收入达到当期营业收入总额百分之三十以上的; 3. 虚增或者虚减利润达到当期利润总额百分之三十以上的; 4. 隐瞒或者编造的重大诉讼、仲裁、担保、关联交易或者其他重大事项所涉及的数额或者连续十二个月的累计数额达到最近一期披露的净资产百分之五十以上的。
《证券法》第八十条、第八十一条	重大投资行为、重大交易、股权结构重大变化,等等。
法院裁判观点	1. 影响证券发行机构的错误判断; 2. 引起理性投资者的错误决策。

3. 欺诈发行的行为对象

本罪将欺诈发行的对象限定于:股票,公司、企业债券,存托凭证或者国务院依法认定的其他证券。对于股票、债券、存托凭证等债券种类,相关法律规范已经进行了明确,所以尤为要注意的是对"国务院依法认定的其他证券"的认定。

首先,这并不是一个广义上的兜底规定,其与2020年施行的《证券法》第二条第一款中规定的"国务院依法认定的其他证券"的含义是一致的,只有国务院经法定程序确认的新型证券品种才符合这一规定;其次,这里的"依法",可以理解为依照《立法法》规定的权限和程序以及《证券法》中"证券概念与范围"的原则与精神;最后,新认定的证券,必须在流通性、交易性上与目前的股票、债券具有同一阶级性。

另外,证券发行分为公开发行与非公开发行,对于非公开发行的私募债券是否属于本罪规制的行为对象,在刑事司法实务中曾存在一定的争议,笔者认为答案应该是肯定的。《刑事审判参考》第1387号案例①也对这

① (2018)苏02刑初49号:江苏北极皓天科技有限公司、杨佳业欺诈发行债券案。

一问题作出了解答:无论是公募债券还是私募债券,均属于欺诈发行债券罪的行为对象。法院从两个方面论证了这一观点,一是从公司债券的特征出发,私募债券符合“依照法定程序发行、约定在一定期限还本付息”的公司债券的基本特征;二是从欺诈发行证券罪所保护的法益出发,私募债券发行文件存在重大虚假、有误导性陈述或者隐瞒重要事实,必然破坏国家对债券发行市场的管理秩序,侵害投资者的合法权益。因此,私募债券理应属于欺诈发行证券罪的规制对象。

三、追诉标准

《立案追诉标准(二)》于2022年全面修订,对欺诈发行证券罪的追诉标准进行了大幅修改(见表1-1-3),笔者将新旧追诉标准对比归纳如下:

一是依据《刑法修正案(十一)》调整对应内容,将罪名由“欺诈发行股票、债券案”改为“欺诈发行证券案”。

二是新增四类财务数据造假行为:虚增或者虚减资产达到当期资产总额30%以上的;虚增或者虚减营业收入达到当期营业收入总额30%以上的;虚增或者虚减利润达到当期利润总额30%以上的;隐瞒或者编造的重大诉讼、仲裁、担保、关联交易或者其他重大事项所涉及的数额或者连续12个月的累计数额达到最近一期披露的净资产50%以上的。

三是新增造成投资者损失的规定:欺诈发行行为造成投资者直接经济损失数额累计在100万元以上的。

四是新增两类情节严重的情形:为欺诈发行证券向负有金融监督管理职责的单位或者人员行贿的;募集的资金全部或者主要用于违法犯罪活动的。同时删除一类“转移或者隐瞒所募集资金的”情形。

很显然,《立案追诉标准(二)》(2022)大幅增加了欺诈发行罪的具体追诉事由,其中不少与违规披露、不披露重要信息罪类似。从本质上讲,欺诈发行本身也是信息披露违法的一种，只不过是发生在发行证券的特殊情况下，其危害较一般的信息披露违法更为严重，所以有必要单列，并予以更有针对性、更为严厉的法律规制。

表1-1-3　新、旧立案标准关于欺诈发行规定的对比

《立案追诉标准(二)》(2010)	《立案追诉标准(二)》(2022)
第五条　[欺诈发行股票、债券罪(刑法第一百六十条)]在招股说明书、认股书、公司、企业债券募集办法中隐瞒重要事实或者编造重大虚假内容，发行股票或者公司、企业债券，涉嫌下列情形之一的，应予立案追诉：	第五条　[欺诈发行证券罪(刑法第一百六十条)]在招股说明书、认股书、公司、企业债券募集办法**等发行文件中**隐瞒重要事实或者编造重大虚假内容，发行股票或者公司、企业债券、**存托凭证或者国务院依法认定的其他证券**，涉嫌下列情形之一的，应予立案追诉：
(一)发行数额在五百万元以上的；	(一)非法募集资金金额在**一千万元**以上的；
	(二)虚增或者虚减资产达到当期资产总额百分之三十以上的；
	(三)虚增或者虚减营业收入达到当期营业收入总额百分之三十以上的；
	(四)虚增或者虚减利润达到当期利润总额百分之三十以上的；
	(五)隐瞒或者编造的重大诉讼、仲裁、担保、关联交易或者其他重大事项所涉及的数额或者连续十二个月的累计数额达到最近一期披露的净资产百分之五十以上的；
	(六)造成投资者直接经济损失数额累计在一百万元以上的；
(二)伪造、变造国家机关公文、有效证明文件或者相关凭证、单据的；	(七)**为欺诈发行证券而**伪造、变造国家机关公文、有效证明文件或者相关凭证、单据的；

续表

《立案追诉标准(二)》(2010)	《立案追诉标准(二)》(2022)
	(八)为欺诈发行证券向负有金融监督管理职责的单位或者人员行贿的;
(三)利用募集的资金进行违法活动的;	(九)募集的资金**全部或者主要**用于违法**犯罪**活动的;
~~**(四)转移或者隐瞒所募集资金的;**~~	
(五)其他后果严重或者有其他严重情节的情形。	(十)其他后果严重或者有其他严重情节的情形。

四、量刑标准

(一)自由刑

自由刑方面,本罪在《刑法修正案(十一)》前仅为一档量刑,最高刑为五年有期徒刑,《刑法修正案(十一)》颁布后,本罪调整为两档量刑,第一档仍然为五年以下有期徒刑,对应情节为"数额巨大、后果严重或者有其他严重情节",第二档为五年以上有期徒刑,对应情节为"数额特别巨大、后果特别严重或者有其他特别严重情节",但暂未颁布相应的"数额特别巨大、后果特别严重或者有其他特别严重情节"判断标准。

其中,"数额巨大、后果严重或者有其他严重情节"的判断,以《立案追诉标准(二)》(2022)的规定为依据。(见表1-1-4)

表 1-1-4　数额巨大、后果严重或者有其他严重情节判断依据

刑期	情节	具体表现
五年以下有期徒刑	数额巨大	非法募集资金金额在**一千万元**以上的；
	后果严重	造成投资者直接经济损失数额累计在一百万元以上的；
	情节严重	虚增或者虚减资产达到当期资产总额百分之三十以上的；
		虚增或者虚减营业收入达到当期营业收入总额百分之三十以上的；
		虚增或者虚减利润达到当期利润总额百分之三十以上的；
		隐瞒或者编造的重大诉讼、仲裁、担保、关联交易或者其他重大事项所涉及的数额或者连续十二个月的累计数额达到最近一期披露的净资产百分之五十以上的；
		为欺诈发行证券向负有金融监督管理职责的单位或者人员行贿的；
		募集的资金**全部或者主要**用于违法**犯罪**活动的。
五年以上有期徒刑	数额特别巨大、后果特别严重或者有其他特别严重情节	标准暂未出台

以“欺诈发行股票、债券罪”在“北大法宝”进行检索，目前公开的判决书有 9 份，20 名自然人被判刑，18 人获有期徒刑三年以下，只有 2 人获刑超过三年。但从《刑法修正案（十一）》对本罪自由刑的加档来看，本罪可能呈现更严厉的刑罚，五年以上有期徒刑对应的“数额特别巨大、后果特别严重或者有其他特别严重情节”，将来也会予以明确。

（二）罚金刑

罚金刑方面，本罪现行规定的“非法募集资金金额百分之二十以上一倍以下”，较修改前“非法募集资金金额百分之一以上百分之五以下”有了大幅提升。同时，《证券法》第一百八十一条对欺诈发行证券的行为规定了相当严厉的行政罚款，为了便于大家的理解，笔者通过表1－1－5对不同主体之间实施欺诈发行证券行为的行政罚款和《刑法》条文规定的罚金刑予以对比。

表1－1－5　不同主体欺诈发行的行政罚款与罚金刑对比

主体		行政罚款	罚金刑
自然人	控股股东、实际控制人	• 违法所得百分之十以上一倍以下的罚款 • 没有违法所得或者违法所得不足两千万元：两百万元以上两千万元以下的罚款	非法募集资金金额百分之二十以上一倍以下罚金
	直接负责的主管人员和其他直接责任人员	一百万元以上一千万元以下的罚款	罚金
单位	发行人	• 尚未发行：两百万元以上二千万元以下的罚款 • 已经发行：非法募集资金金额百分之十以上一倍以下的罚款	非法募集资金金额百分之二十以上一倍以下罚金
	控股股东、实际控制人	• 违法所得百分之十以上一倍以下的罚款 • 没有违法所得或者违法所得不足两千万元：两百万元以上两千万元以下的罚款	非法募集资金金额百分之二十以上一倍以下罚金

需要注意的是，《行政处罚法》第三十五条规定：“违法行为构成犯罪，人民法院判处罚金时，行政机关已经给予当事人罚款的，应当折抵相应罚金；行政机关尚未给予当事人罚款的，不再给予罚款。”因此，对于欺诈发行证券行为，行为人已经相关监管机构的行政罚款，后来又被法院判处罚金

的,在执行罚金时应当折抵相应的金额。

五、辩护要点

(一)客体要件

行为人的行为并未对投资者造成严重后果,不应当构成犯罪。

(二)客观方面

1. 涉案文件不属于"发行文件"。"发行文件"的判断以"同质性"为核心,对于与招股说明书,认股书,公司、企业债券募集办法重要性、功能性不相等同的文件,不应当认定为"发行文件",更不能作为造假的"发行文件"予以纳入。

2. 作假内容不构成"重大性"。欺诈发行规制的是严重造假行为,对于发行过程中的一些文件瑕疵,不会严重影响证券的发行认购,也不会对监管机构和投资者的决策产生影响,不能认为具有"重大性"。

3. 降低"后果严重"的认定。"后果严重"的具体情形法律并未进行明确规定,并且案件的后果也是可以逆转的。实践中,如果积极补救、认罪认罚,妥善维护投资者、债权人的合法权益,降低犯罪行为对社会、公司、投资者的不良影响,可以作为有效的抗辩事由,在量刑上予以减轻。

4. "后果特别严重""其他特别严重情节"暂未有明确判断标准,刑法量刑中不应直接适用。

(三)主体要件

1. 本罪为单位犯罪,在发行人被控股股东、实际控制人控制的情形下,可以从公司财务高度混同、证券发行利益并非归于单位,发行文件造假系由个人决定等角度出发，主张公司不具有“法人独立人格”。

2. 对在证券发行文件中签字的董事、监事、高级管理人员，可以主张其并未积极参与，不能认定为“直接负责的主管人员”。

3. 对并不知情的董事、监事、高级管理人员，可以主张发行文件中的签字系伪造的，不构成犯罪主体。

（四）主观方面

行为人在履行职务过程中不具有文件作假的主观故意，仅是未尽到勤勉义务的过失。

（五）数额方面

1. 主张扣除虚假募集金额。非法募集金额指的是发行人实际募集的金额，为提高发行效率，证券交易所一般要求在备案通过后 6 个月内，销售金额要达到备案募集金额的 70% 以上才视为发行成功，否则要取消备案。行为人为达到这种比例，可能会有虚假认购行为。虚假认购行为中行为人虚假募集的金额，并不属于非法募集金额，一定要主张予以扣除，通常会得到支持。

2. 主张扣除发行费用。募集资金有总额和净额之分，募集资金净额 = 募集资金总额 - 发行费用，发行费用作为发行的成本，在到达发行人账户之前就已经被证券公司先行扣除了，自然不属于非法募集资金金额，一定要主张扣除。

第二章

违规披露、不披露重要信息罪

一、法律规定

(一)刑法条文

第一百六十一条 【违规披露、不披露重要信息罪】依法负有信息披露义务的公司、企业向股东和社会公众提供虚假的或者隐瞒重要事实的财务会计报告,或者对依法应当披露的其他重要信息不按照规定披露,严重损害股东或者其他人利益,或者有其他严重情节的,对其直接负责的主管人员和其他直接责任人员,处五年以下有期徒刑或者拘役,并处或者单处罚金;情节特别严重的,处五年以上十年以下有期徒刑,并处罚金。

前款规定的公司、企业的控股股东、实际控制人实施或者组织、指使实施前款行为的,或者隐瞒相关事项导致前款规定的情形发生的,依照前款的规定处罚。

犯前款罪的控股股东、实际控制人是单位的,对单位判处罚金，并对其直接负责的主管人员和其他直接责任人员，依照第一款的规定处罚。

（二）其他相关规定

《中华人民共和国证券法》第七十八条、第八十五条、第一百九十七条

《最高人民检察院、公安部关于公安机关管辖的刑事案件立案追诉标准的规定（二）》第六条

《中华人民共和国证券投资基金法》第七十七条、第一百零六条、第一百三十一条、第一百四十三条

《上市公司信息披露管理办法》第三条、第四十三条

《信息披露违法行为行政责任认定规则》第六条、第八条

《上市公司重大资产重组管理办法》第四条、第六条、第五十二条、第五十六条

《非上市公众公司信息披露管理办法》第三条、第五十条

《资产支持证券信息披露规则》第三条

《公开募集证券投资基金信息披露管理办法》第七条、第四十条

二、构成要件

（一）主体要件

本罪的主体范围逐步拓宽。在《刑法修正案（十一）》之前，该罪名的处罚行为主体范围限定为依法负有信息披露义务的公司、企业，且为了降低对此类公司、企业投资者的直接影响，该罪名适用单罚制，即仅对公司、企业中直接负责的主管人员和其他直接责任人员作出刑事处罚，单位不予定

罪。例如,在“某元投资违规信披案”[①]中,某元公司作为犯罪嫌疑人被移送审查起诉,因《刑法》中该罪不追究单位刑事责任,最终检察机关对某元公司作出依法不予起诉的决定。

《刑法修正案(十一)》之后,违规披露、不披露重要信息罪增加了两个刑事处罚对象:

1. 与犯罪行为相关的控股股东、实际控制人。

2. 控股股东、实际控制人是单位的,该单位直接负责的主管人员和其他直接责任人员。

也就是说,信息披露的刑事规制更加穿透化,刑事规制的范围不仅仅是企业本身,而是扩大到该企业的上层结构,这也进一步体现了证券监管“零容忍”的态势。

在目前的立法现状与监管趋势下,董事、监事、高级管理人员作为主要管理人员已成为信息披露刑事风险的高危人群。尤其是独立董事,在“某美药业案”[②]高额民事赔偿事件发生后,他们更担心的是因此可能带来的刑事风险。笔者认为,基于刑法的谦抑性,刑事案件的对象相较于行政案件的对象理应限缩。实践中,违规信息披露的刑事案件中也未出现处罚仅仅签署承诺函的董事或独立董事的现象,即对于未积极主动参与违规信息披露行为的董事、监事、高级管理人员,刑事上一般不予评价。

(二)客体要件

本罪侵犯的客体是国家对公司、企业的信息公开披露制度和股东、社会公众和其他利害关系人的合法权益。在违规信息披露的涉罪行为中,两项客体必然是同时处于被侵犯或危险的状态,即仅侵犯其中一项内容,并

① 最高人民检察院指导性案例66号(2020年)。

② 广东省广州市中级人民法院民事判决书,(2020)粤01民初2171号。

不构成本罪。第一，国家对公司、企业的信息公开披露制度系行政法律层面的要求，仅侵犯信息披露制度，但并未影响股东、社会公众和其他利害关系人的权益，则必然不存在严重后果或者其他严重情节，也就不符合本罪的判定标准。第二，本罪的涉罪前提为违反规定披露或者不披露重要信息，仅侵犯了股东、社会公众和其他利害关系人的合法权益，并未违反信息披露的相关国家制度的，即便涉及严重后果也应当以其他犯罪进行评价。

（三）主观要件

本罪的主观方面只能由故意构成。违规信息披露在民事、行政和刑事上的主观样态评价标准稍有不同，根据《证券法》及《最高人民法院关于审理证券市场虚假陈述侵权民事赔偿案件的若干规定》的相关规定，行政、民事在评价违规信息披露行为时同时包含了故意和过失两种主观标准，即故意和过失均需承担责任。例如，“某美药业案”中独立董事被判承担行政处罚以及赔偿责任，该案中独立董事并未主动参与财务造假，仅是未履行严格审查义务，即需承担行政处罚和民事赔偿责任。相比之下，刑法对主观的恶性要求更高，故意是构成本罪的必要性主观要件，如果仅因为过失导致财会报告失真或过失导致未按时信息披露等，不构成本罪。

（四）客观要件

本罪的客观行为主要体现在：违反规定披露或者依法应当披露但不披露重大信息，严重损害股东或其他人利益，或有其他严重情节。

1. 重大信息的定义

根据《刑法》条文来看，重大信息包含两个内容：一个是“财务会计报告”，另一个是“其他重要信息”。财务会计报告作为违规信息披露的高发对象，是各企业的重点风险监控内容。但针对“其他重要信息”，除了《证券法》有明确规定的，企业难以对其具体内容作出准确评估与判断。在此，笔

者认为,“其他重要信息”可从以下两个层面予以考量:

一是信息的同质性。这是指与财务会计报告实质相当的公司、企业文件,如招股说明书、债券募集办法、年度报告、中期报告、临时报告等中所记载的相关内容。

二是信息对价格敏感与投资决策的影响性。这是指存在影响股票、债券价格以及投资者决策的可能。结合《证券法》中对重要信息的列举,对于重大信息的判断,实际上结合了理性投资人和价格敏感性的概念,即如果该信息必然会直接影响股票、债券价格,那么,该信息应当划入“重要信息”的范畴,如果该信息不必然影响价格,但有较大可能会影响一般理性投资人的投资决策,那么该信息也应当划入“重要信息”的概念中。

2. 违规信息披露的具体行为

违规披露的刑事规制包括四种行为:一是信息披露虚假;二是信息披露误导;三是信息披露不充分;四是信息披露不及时。

实践中最常见的违规披露就是信息披露虚假以及信息披露不充分,即虚假记载行为。其通常表现为:在披露报告中记载不存在的事实、作夸大或缩小记载、隐瞒发生亏损的事实等。“某美药业案”和“某得新案”[①]就是典型的虚假信息披露,案涉公司通过与关联公司之间的资金循环,虚构营业收入、成本等,金额巨大,严重破坏市场诚信基础,最终遭受行政及刑事处罚,成为经典案例。

而信息披露误导以及信息披露不及时两种违规披露行为,一般是行政上的法律风险。但若伴随其他牟利行为也极易触发刑事法律风险,例如,通过控制信息发布的表述方式、信息发布的时间进行内幕交易、操纵证券市场等。

3. 违规信息披露的危害结果判定

违规信息披露的刑事处罚中有两个构成犯罪的标准:一个是严重损害

---

① 江苏省张家港市人民法院民事判决书,(2019)苏0582民初11486号。

股东或其他人利益；另一个就是有其他严重情节，这与上文所述“其他重要信息”的判断很类似。从这两个标准结合刑事追诉标准来看，违规信息披露的刑事处罚并不仅仅以实际造成的危害结果为唯一衡量标准，而是包含了一部分情节标准。

情节标准是指，例如“虚增或者虚减资产达到当期披露的资产总额百分之三十以上的”“在公司财务会计报告中将亏损披露为盈利，或者将盈利披露为亏损的”等，这就是将企业的行为达到一定程度作为入罪标准，这也是企业容易忽视的违规信披刑事风险之一。

三、追诉标准

《立案追诉标准(二)》(2022)第六条除其他外规定了 9 种情形，笔者将其归为两类，见表 1－2－1。

表 1－2－1　违规披露、不披露重要信息罪追诉标准

结果导向型追诉标准	
《立案追诉标准(二)》(2010)	《立案追诉标准(二)》(2022)
造成股东、债权人或者其他人直接经济损失数额累计在**五十万元**以上的	造成股东、债权人或者其他人直接经济损失数额累计在**一百万元**以上的
致使公司发行的**股票、公司债券**或者国务院依法认定的其他证券被终止上市交易或者多次被暂停上市交易的	致使公司、**企业**发行的**股票或者公司、企业债券、存托凭证**或者国务院依法认定的其他证券被终止上市交易的
情节导向型追诉标准	
《立案追诉标准(二)》(2010)	《立案追诉标准(二)》(2022)
虚增或者虚减资产达到当期披露的资产总额百分之三十以上的	虚增或者虚减资产达到当期披露的资产总额百分之三十以上的
虚增或者虚减利润达到当期披露的利润总额百分之三十以上的	虚增或者虚减利润达到当期披露的利润总额百分之三十以上的

续表

情节导向型追诉标准	
《立案追诉标准(二)》(2010)	《立案追诉标准(二)》(2022)
未按照规定披露的重大诉讼、仲裁、担保、关联交易或者其他重大事项所涉及的数额或者连续十二个月的**累计数额占净资产**百分之五十以上的	未按照规定披露的重大诉讼、仲裁、担保、关联交易或者其他重大事项所涉及的数额或者连续十二个月的**累计数额达到最近一期披露的净资产**百分之五十以上的
在公司财务会计报告中将亏损披露为盈利,或者将盈利披露为亏损的	在公司财务会计报告中将亏损披露为盈利,或者将盈利披露为亏损的
多次提供虚假的或者隐瞒重要事实的财务会计报告,或者多次对依法应当披露的其他重要信息不按照规定披露的	多次提供虚假的或者隐瞒重要事实的财务会计报告,或者多次对依法应当披露的其他重要信息不按照规定披露的
—	**虚增或者虚减营业收入达到当期披露的营业收入总额百分之三十以上的**

四、量刑标准

本罪在《刑法修正案(十一)》前仅为一档量刑,最高刑为三年有期徒刑,一般以立案标准为入罪量刑标准,《刑法修正案(十一)》颁布后,本罪调整为两档量刑,最高刑为十年有期徒刑,但暂未颁布相应的"情节特别严重"判断标准。(见表1-2-2)

表1-2-2　违规披露、不披露重要信息罪量刑标准变化

《刑法修正案(十一)》前	《刑法修正案(十一)》后
依法负有信息披露义务的公司、企业向股东和社会公众提供虚假的或者隐瞒重要事实的财务会计报告,或者对依法应当披露的其他重要信息不按照规定披露,严重损害股东或者其他人利益,或者有其他严重情节的,对其直接负责的主管人员和其他直接责任人员,**处三年以下有期徒刑或者拘役,并处或者单处二万元以上二十万元以下罚金。**	依法负有信息披露义务的公司、企业向股东和社会公众提供虚假的或者隐瞒重要事实的财务会计报告,或者对依法应当披露的其他重要信息不按照规定披露,严重损害股东或者其他人利益,或者有其他严重情节的,对其直接负责的主管人员和其他直接责任人员,**处五年以下有期徒刑或者拘役,并处或者单处罚金;情节特别严重的,处五年以上十年以下有期徒刑,并处罚金。**

五、辩护要点

(一)客体要件

1. 行为人并未违反信息披露的制度,不应当以本罪进行评价。

2. 行为人并未对股东、社会公众或其他人员造成严重后果,不应当构成犯罪。

(二)客观方面

1. 涉案信息不具有“重大性”,不符合评价为重大信息的标准,非监管部门制定的规章和规范性文件,或其他效力级别的规定、文件不能成为认定“重大性”要件的依据。

2. 涉案未披露或违规披露的信息并未给市场造成影响,如市场价格未有明显波动或在披露期间证券处于停牌状态,则披露行为本身不具有“价格敏感性”。

3. 行为人遭受行政处罚不代表信息必然存在“重大性”,行政前置程序不必然引发刑事处罚。

4. “情节特别严重”暂未有明确判断标准,刑法量刑中不应直接适用。

(三)主体要件

本罪非单位犯罪,检察机关对单位应当根据《刑事诉讼法》规定的最相近的不起诉情形作出不起诉决定。

(四)主观方面

行为人在履行职务过程中不具有犯罪的主观故意,仅是未尽到勤勉义务的过失。

（五）数额方面

1. 合理确定实施日与揭露日或更正日的区间，在实施日前以及揭露日或更正日后的交易行为不应当认定为损失数额。

2. 部分投资人的交易行为并非由于信息披露原因影响，在行为人实施违规信息披露行为期间存在其他影响投资人交易决策的重大事件，导致交易波动，该数额应当扣除。

3. 行为人实施行为的期间内存在他人利用涉案证券进行违法交易的行为，则该部分交易行为应当扣除。

六、合规建设意见

（一）坚持信息披露五项原则，建立信息披露合规部门

1. 时刻把握及时、准确、完整、真实、公平五项信息披露原则，对信息披露的内容进行严格审核和筛查，对由会计师事务所、律师事务所提供的明显不合理材料，及时作出书面反馈和质疑。

2. 建立信息披露合规部门或设立信息披露官，规范信息披露流程，调动各部门对信息披露的配合度，在重点部门把握"及时""公平"的基础上，联动各部门共同推动信息披露的"准确""完整""真实"。

3. 严格把控信息披露的"及时""完整"的标准范围，重点监测信息披露期间关联公司、关联机构的公司证券交易行为，避免因未及时、不完整的披露引发潜在内幕交易、操纵证券市场的刑事风险。

（二）紧跟信息披露监管方向，建立内部信息披露制度

1. 建立外部信息反馈机制。及时跟进监管和行业动态，在保持与外部

投资者联动的同时，控制公司自身风险。随着监管的趋势严格化，信息披露相关的规定和细则相应也会发生变化，保持与监管的同步是避免行政、刑事法律风险最高效的手段。

2. 建立并优化内部信息披露实施细则。制度是运作的基础，信息披露合规是上市公司有效运营的根本条件之一。企业在接受外部监管规定的基础上，优化内部实施细则是保护企业避免卷入信息披露风波的重要举措。同时要加强对信息披露相关部门人员的培训，以达到该制度有效运转的目的。

3. 建立信息披露责任制度。明确划分信息披露文件制作参与方、审核方的责任，分类别审核信息披露文件，对涉刑风险较高的重大信息文件进行多环节、多层级审核，避免全部刑事风险集中于控股股东、实际控制人及董事、监事、高级管理人员。

（三）完善风险监测机制，建立有效危机应对措施

1. 完善高效的风险监测与反馈机制。在有制度、有目标的基础上，风险监测是保障制度实施的防火墙。上市公司应当加强内部信息核实机制，建立快速汇报反应流程，以保证在发现信息披露法律风险的第一时间向负责人员反馈并与监管人员沟通，且能迅速作出有效的应对措施。

2. 加强并有效利用临时公告制度。信息披露存在的法律风险在于给市场带来的巨大波动，这种波动可通过及时有效的公告行为加以抑制，上市公司应加强临时公告作用，及时澄清错误披露的信息，减少对股票、债券价格以及市场投资人决策的影响。

3. 以立案追诉标准划分不同风险等级并建立相应危机应对机制。例如，违规信息披露案件中“虚增或者虚减利润、资产达到当期披露的利润总额百分之三十以上”的将被立案追诉，则“百分之三十”应为风险等级中的最高红线。该危机应对机制决定上市公司应对信息披露错误的紧急程度和反应速度，也影响将来可能面临的法律风险程度的高低。

第三章

内幕交易、泄露内幕信息罪

一、法律规定

（一）刑法条文

第一百八十条 【内幕交易、泄露内幕信息罪】证券、期货交易内幕信息的知情人员或者非法获取证券、期货交易内幕信息的人员，在涉及证券的发行，证券、期货交易或者其他对证券、期货交易价格有重大影响的信息尚未公开前，买入或者卖出该证券，或者从事与该内幕信息有关的期货交易，或者泄露该信息，或者明示、暗示他人从事上述交易活动，情节严重的，处五年以下有期徒刑或者拘役，并处或者单处违法所得一倍以上五倍以下罚金；情节特别严重的，处五年以上十年以下有期徒刑，并处违法所得一倍以上五倍以下罚金。

单位犯前款罪的，对单位判处罚金，并对其直接负责的主管人员和其他直接责任人员，处五年以下有期徒刑或者拘役。

内幕信息、知情人员的范围,依照法律、行政法规的规定确定。

(二)其他相关规定

《中华人民共和国证券法》第四十条、第五十三条、第一百九十一条第一款

《期货交易管理条例》第六十九条

《最高人民法院、最高人民检察院关于办理内幕交易、泄露内幕信息刑事案件具体应用法律若干问题的解释》

《最高人民检察院、公安部关于公安机关管辖的刑事案件立案追诉标准的规定(二)》第三十条

《上市公司信息披露管理办法》第三条第三款、第四十八条

《上市公司重大资产重组管理办法》第四十一条

《非上市公众公司信息披露管理办法》第六条、第四十二条、第五十三条

二、构成要件

(一)主体要件

内幕交易、泄露内幕信息罪违法行为的主体为内幕信息知情人和非法获取内幕信息的人,新《证券法》结合证券市场发展及司法实践的新情况,扩大并细化了知情人范围,配套司法解释也对非法获取内幕信息人员作较宽泛的类别解释。

1. 新法对内幕信息知情人的具体扩充变化有:

(1)新增“发行人、发行人实际控制的公司及其董事、监事、高级管理人

员"为知情人,意在规制发行人本身或通过实际控制公司进行内幕交易。发行人的纳入,要求上市公司在进行回购或收购本公司股份时,应诚实审慎地按照《公司法》相关规定,避免在回购过程中被认定为内幕交易。

(2)新增"与公司有业务往来可以获取公司内幕信息的人员"为知情人。

(3)新增"上市公司收购、重大资产重组中涉及的相关主体"为知情人,该类主体涉及范围较广,亦是对实践中上市公司收购与重大资产交易过程复杂、人员众多、内幕交易频发的立法回应,包括交易各方及其控股股东、实际控制人、董事、监事、高级管理人员等。

(4)强调"因职务或者工作可以获悉内幕信息的交易所、证券公司、证券监管机构等有关人员"作为知情人。该点强调,即便未参与到重大事项的实际执行中,因履行工作职责时获悉内幕信息,例如牵线联系洽谈行为,亦属于该信息的知情人员。

2. 非法获取内幕信息的人员,广义上是除了上述法定内幕信息知情人,通过间接方式获悉内幕信息的人。《最高人民法院、最高人民检察院关于办理内幕交易、泄露内幕信息刑事案件具体应用法律若干问题的解释》(以下简称《内幕交易司法解释》)第二条①将其主要分为三种:

(1)非法手段获取型,即利用窃取、骗取、套取、窃听、利诱、刺探或者私下交易等手段获取内幕信息的;

---

① 《最高人民法院、最高人民检察院关于办理内幕交易、泄露内幕信息刑事案件具体应用法律若干问题的解释》第二条　具有下列行为的人员应当认定为刑法第一百八十条第一款规定的"非法获取证券、期货交易内幕信息的人员":

(一)利用窃取、骗取、套取、窃听、利诱、刺探或者私下交易等手段获取内幕信息的;

(二)内幕信息知情人员的近亲属或者其他与内幕信息知情人员关系密切的人员,在内幕信息敏感期内,从事或者明示、暗示他人从事,或者泄露内幕信息导致他人从事与该内幕信息有关的证券、期货交易,相关交易行为明显异常,且无正当理由或者正当信息来源的;

(三)在内幕信息敏感期内,与内幕信息知情人员联络、接触,从事或者明示、暗示他人从事,或者泄露内幕信息导致他人从事与该内幕信息有关的证券、期货交易,相关交易行为明显异常,且无正当理由或者正当信息来源的。

(2)特定身份获取型,即属于内幕信息知情人的近亲属或者与内幕信息知情人关系密切的人员,无正当信息来源又从事可疑内幕交易的;

(3)积极联系获取型,即在内幕信息敏感期内,与内幕信息知情人联络、接触密切,无正当信息来源又从事可疑内幕交易的。

(二)客体要件

内幕交易、泄露内幕信息罪侵害的是双重客体:一是证券、期货市场的正常管理秩序;二是证券、期货投资人的合法利益。证券、期货市场的健康发展,以公正、透明、公平、高效的管理秩序为客观前提,所有的投资者对于重大的投资信息都享有同等的权利。因此,掌握这种内幕信息的人员(内幕信息知情人)不得利用它为自己和其他个人牟利或者避免损失,否则,不仅破坏证券、期货交易市场的正常管理秩序,也将劣后知悉信息的投资者放置于极其不公的位置上,侵犯其合法权益。

(三)主观要件

本罪在主观方面只能以故意构成,包括直接故意和间接故意,过失不构成本罪。行为人故意的内容,即行为人明知自己或他人的内幕交易行为会侵犯其他投资者的合法权益,扰乱证券、期货市场管理秩序,却希望或放任这种结果发生的心理态度。

实践中,行为人多采用“不知悉内幕信息”“具有特定行业经验、熟悉特定行业”“根据公开报道及专业人士推荐”“长期关注相关股票”“技术分析及类股对比”等理由主张其交易行为完全正常。但基于对大量案例的分析,这种相对宽泛的抗辩理由很难被法院接受。

行为人需要基于《内幕交易司法解释》第四条的规定,提出如交易目的是获得公司控制权而非短线逐利;提前已经有合同约定,不因内幕信息而改变;基于某些已经公开的信息进行的判断等目的明确、边界确定、内容具体的抗辩事由,才能斩断交易行为与内幕信息之间的关联,排除其利用内幕信息的嫌疑,从而得到司法机关的采信。

(四)客观要件

本罪的客观行为主要体现在:在内幕信息敏感期内,相关主体买卖相关证券、建议他人买卖相关证券或者泄露内幕信息。

1. 内幕信息的定义

根据《刑法》条文的规定,内幕信息的范围可参考《证券法》的相关规定,即《证券法》第五十二条[①]的规定,主要指与证券、期货交易活动有关的,涉及公司的经营、财务或者对该公司证券、期货的市场供求有重大影响的信息。主要包括:

(1)公司运营的重大变化。

➢ 公司的经营方针和经营范围的重大变化;

➢ 公司生产经营的外部条件发生的重大变化;

➢ 公司分配股利、增资的计划,公司股权结构的重要变化,公司减资、合并、分立、解散及申请破产的决定,或者依法进入破产程序、被责令关闭。

(2)公司资产的重大变化。

➢ 公司的重大投资行为,公司在一年内购买、出售重大资产超过公司资产总额百分之三十,或者公司营业用主要资产的抵押、质押、出售或者报废一次超过该资产的百分之三十;

➢ 公司订立重要合同、提供重大担保或者从事关联交易,可能对公司的资产、负债、权益和经营成果产生重要影响;

➢ 公司发生重大债务和未能清偿到期重大债务的违约情况;

---

① 《证券法》第五十二条　证券交易活动中,涉及发行人的经营、财务或者对该发行人证券的市场价格有重大影响的尚未公开的信息,为内幕信息。

本法第八十条第二款、第八十一条第二款所列重大事件属于内幕信息。

➢ 公司发生重大亏损或者重大损失。

(3)公司人员信息的重大变化。

➢ 公司的董事、三分之一以上监事或者经理发生变动,董事长或者经理无法履行职责;

➢ 持有公司百分之五以上股份的股东或者实际控制人持有股份或者控制公司的情况发生较大变化,公司的实际控制人及其控制的其他企业从事与公司相同或者相似业务的情况发生较大变化。

(4)公司法律风险的重大变化。

➢ 涉及公司的重大诉讼、仲裁,股东大会、董事会决议被依法撤销或者宣告无效;

➢ 公司涉嫌犯罪被依法立案调查,公司的控股股东、实际控制人、董事、监事、高级管理人员涉嫌犯罪被依法采取强制措施。

2. 内幕信息的敏感期

内幕信息敏感期是指相应内幕信息自形成至公开的期间。对于内幕信息的形成时间,发行人重大事件的发生时间或者相关计划、方案、决定的形成时间一般被认定为内幕信息形成之时,但对于影响内幕信息形成的动议、筹划、决策的人或者动议、筹划、决策的执行人员而言,其动议、筹划、决策或者执行的初始时间即构成内幕信息的形成之时。

3. 内幕交易、泄露内幕信息的具体行为

根据《刑法》第一百八十条第一款规定,内幕交易、泄露内幕信息罪包括三种客观形态,即内幕信息知情人或非法获取内幕信息的人,在内幕信息敏感期内:(1)买卖相关证券;(2)建议他人买卖相关证券;(3)泄露内幕信息。内幕交易、泄露内幕信息罪为选择性罪名,实施上述任意一种行为均可以构成本罪。相对于单一性罪名,本罪罪名既可概括使用又可分解使用,司法实践中可呈现为内幕交易罪、泄露内幕信息罪或者内幕交易、泄露内幕信息罪三种认定结果。具体可分为:

(1)仅构成泄露内幕信息罪的行为。

➢ 知情人仅泄露内幕信息,未参与交易。

内幕信息的知情人员或者非法获取内幕信息的人员仅存在泄露内幕信息行为,而本人未参与交易的,构成泄露内幕信息罪。实务中的高发情形为:内幕信息知情人员在私人谈话、日常饭局等情形下,将内幕信息作为谈资泄露给第三方。

➢ 知情人泄露内幕信息,建议他人交易。

内幕信息知情人泄露内幕信息后,明示、暗示他人从事相关交易,实务中较常见的表现为:上市公司及证券行业相关从业人士在交往中"建议他人交易"。何为明示或暗示交易,区分关键在于该"建议"中是否明确包含内幕信息内容。例如,明确告知现有重组计划而提示他人进行相关交易则属于明示,仅说明股价即将上涨"建议"买入则为暗示。

"明示、暗示他人交易"的行为,是属于"泄露内幕信息"还是"内幕交易"在司法实务中存在一定争议。对这种行为的司法审查重点在于:行为人的主观心态是"泄露故意"还是"间接交易故意"。进一步而言,如内幕信息知情人主观上无通过他人内幕交易行为非法获利之目的,仅出于"炫耀"或"讨论"的心态泄露信息,客观上亦未参与内幕交易,则其本人仅构成泄露内幕信息罪。

(2)仅构成内幕交易罪的行为。

➢ 知情人直接从事内幕交易行为。

内幕信息知情人或非法获取内幕信息的人员直接参与内幕交易将被认定为内幕交易罪。

实务中,内幕信息知情人大多为证券从业的专业人士,对自身交易受限的法律规范存在基本认知,较少采取直接交易的行为模式。相较而言,非法获取内幕信息者直接交易行为在这类案件中占据较大比例,其背后的原因在于非法获取内幕信息者既存在独立从事直接交易的情形,亦存在帮助内幕信息知情人间接交易，作为其共犯参与犯罪的情形。

➢ 知情人以非法获利目的间接从事交易。

间接交易行为模式常出现在证券相关从业人群中，涉案行为人在对相关行业规范存在一定了解的基础上，抱有“侥幸心态”，选择以间接交易的方式规避监管。事实上，监管及侦查机关在发现相关证券、期货交易存在异常时，会结合内幕信息交易人交往人员关系进行排查。以类案高发的“上市公司资产并购重组”领域举例而言，项目阶段聘请的独立财务顾问、律师事务所以及会计师事务所等证券服务机构相关人员，皆为重点排查对象。

➢ 知情人通过利益共同体间接参与交易。

“利益共同体”，是指基于法定或约定关系而具有共同经济利益的各方人员。实务中集中体现为家庭关系成员，如配偶、父母、子女等，亦包含连襟、妯娌等姻亲关系。司法实务中对知情人“建议”“利益共同体”交易的行为多以内幕交易罪进行规制。原因有二：一是主观层面而言利益共同体中各方多有维护共同经济利益的动机，且相互之间具有较高的熟悉度和默契度；二是客观层面上看，“利益共同体”所持有证券之利益或损失，基于共同利益关系全部或部分归属于知情人。类案中亦大多存在知情人直接或间接提供资金给“利益共同体”购买证券的情形。

(3)构成内幕交易、泄露内幕信息罪的行为。

内幕交易、泄露内幕信息罪适用于行为人同时存在泄露内幕信息行为与内幕交易行为之情形，具体包括：

➢ 知情人泄露内幕信息后伙同内幕交易。

此种行为模式下，泄露行为及交易行为皆针对同一犯罪对象，构成内幕交易、泄露内幕信息罪。

➢ 知情人自行交易，又向他人泄露内幕信息导致对方内幕交易。

此种行为模式下，行为人就自行交易的证券、期货成立“内幕交易行为”,就他人交易的证券、期货成立“泄露内幕信息行为”,统一定罪为“内幕交易、泄露内幕信息罪”。

➢ 知情人自行从事 A 内幕交易,又向他人泄露 B 内幕信息导致对方内幕交易。

内幕信息知情人员既从事与 A 内幕信息有关的证券、期货交易,又泄露 B 内幕信息的情形,实务中发案率较低,多数案件在涉嫌单一信息内幕交易时即已引发监管及侦查机构介入,在此仅作理论探讨。该行为模式仅成立内幕交易、泄露内幕信息罪一罪,而不以内幕信息罪和泄露内幕信息罪实行数罪并罚。

4. 内幕交易、泄露内幕信息的违法所得

内幕交易罪的违法所得的认定对定罪和量刑有非常重要的影响,违法所得的计算规则主要有三种:

(1)获利型正收益的认定。在内幕信息引起价格上涨的情况下,行为人掌握内幕信息直到该内幕信息公开之后这期间,其建仓买入证券且全部平仓卖出的相关获利价差都是正收益,可以直接认定为违法所得。在内幕信息引起价格下跌的情况下,行为人建仓卖空相关证券且全部平仓买入了仓位的,相关获利差价均认定为违法所得。

(2)避损型正收益认定。在内幕信息公开对证券产生下跌影响的情况下,行为人基于内幕信息提前平仓卖出证券,应当首先计算内幕信息公开之后引发证券交易价格下降期间的平均价格,其次计算行为人在信息公开前平仓的平均价格,最后将两者的价差认定为内幕交易规避损失的正收益。

(3)评估正收益的认定。评估正收益是指内幕信息持有人基于内幕信息从事证券交易,在案发后仍未平仓的,未平仓部分应当通过评估规则认定其违法所得。由于没有平仓的证券仅存在账面价值,没有实际转化为行为人的现实收益,需要通过评估规则准确评价可归责的内幕交易违法所得。内幕信息引起价格上涨的,未平仓正收益应当是内幕信息对市场产生影响期间的证券的平均交易价格与行为人实际建仓平均成本价格之间的价差。内幕信息公开引发价格下降,行为人在内幕信息公开前建仓卖空,尚未平仓部分应当在案发后强行平仓,但该未平仓部分的正收益不能根据平仓数额进行评估,而仍应当根据内幕信息对市场影响期间内平均价格与行为人建仓平均价格之间的价差进行认定。

三、追诉标准

表 1－3－1 是《立案追诉标准(二)》(2022)与《立案追诉标准(二)》(2010)、《内幕交易司法解释》关于内幕交易、泄露内幕信息罪的追诉标准对比。

表 1－3－1　内幕交易、泄露内幕信息罪追诉标准对比

	《立案追诉标准(二)》(2010)	《内幕交易司法解释》	《立案追诉标准(二)》(2022)
证券交易成交额	累计 >50 万元	>50 万元	>200 万元
期货交易占用保证金数额	累计 >50 万元	>30 万元	>100 万元
获利或者避免损失数额	累计 >15 万元	>15 万元	>50 万元
次数	多次	3 次以上	2 年内 3 次以上
明示、暗示他人从事内幕交易	无规定		明示、暗示 3 人以上从事内幕交易

续表

	《立案追诉标准(二)》(2010)	《内幕交易司法解释》	《立案追诉标准(二)》(2022)
其他情形	无规定		内幕交易获利或者避免损失数额在二十五万元以上,或者证券交易成交额在一百万元以上,或者期货交易占用保证金数额在五十万元以上,同时涉嫌下列情形之一的,应予立案追诉: (一)证券法规定的证券交易内幕信息的知情人实施或者与他人共同实施内幕交易行为的; (二)以出售或者变相出售内幕信息等方式,明示、暗示他人从事与该内幕信息相关的交易活动的; (三)因证券、期货犯罪行为受过刑事追究的; (四)二年内因证券、期货违法行为受过行政处罚的; (五)造成其他严重后果的。
兜底	具有其他严重情节的		

四、量刑标准

内幕交易、泄露内幕信息罪的量刑标准具体见表1－3－2。

表1－3－2　内幕交易、泄露内幕信息罪的量刑标准

自然人犯罪	情节严重的	处五年以下有期徒刑或者拘役,并处或者单处违法所得一倍以上五倍以下罚金。
自然人犯罪	情节特别严重的	处五年以上十年以下有期徒刑,并处违法所得一倍以上五倍以下罚金。
单位犯罪	对单位判处罚金,并对其直接负责的主管人员和其他直接责任人员,处五年以下有期徒刑或者拘役。	

五、辩护要点

（一）客体要件

内幕交易、泄露内幕信息的行为只有达到情节严重才予以入罪认定，这种情节严重是对市场管理秩序扰乱和投资人权益侵害的外化表现，可以从相关行为结果与入罪标准结合，对行为人是否导致市场秩序的破坏、投资人权益侵害进行辩护。

（二）客观方面

1. 内幕信息实质否认

除法律明文规定的内幕信息外，在认定内幕信息时，必须考量该信息具有内幕实质性的即具有重大性和秘密性的信息。如果不符合内幕信息的实质特性，就不能作为内幕信息予以认定。判断应注意结合以下几个要点。

（1）信息的重大性。

信息的重大性是认定内幕信息的核心标准之一，指的是该信息会对发行人证券的市场价格产生显著影响，通常证监会以股价波动程度、公司财务指标等因素综合考量。但不影响价格波动的信息不一定都是非重大信息。对重大性的判断还包括是否影响“一般投资人”的决策，即使该信息不必然“实际”产生股价波动，但“可能”影响投资人买入或卖出该股票的决定，该信息就具有一定的重大性。

（2）信息的秘密性。

信息的秘密性是指该信息由少部分内部人员掌握，尚未公开。内幕信息脱密，包括以法定形式在交易所网站、符合条件的媒体平台上发布，也包括在法定形式[①]公布前，就被投资者广泛知悉和理解，如经由全国性报刊揭露的重大信息就不再具备秘密性。

2. 内幕信息敏感期否认

立法以“重大事件”的发生时间，“计划、方案”的形成时间，影响内幕信息形成的动议、筹划、决策或者执行的初始时间作为敏感期的起始点，表意较模糊。而是否属于敏感期直接关系到证券交易行为是否异常以及违法所得的认定，因此，内幕信息敏感期否认亦为实践中的重要辩点之一。

对内幕信息的敏感性判断要结合内幕信息的本质与立法原意予以考量，内幕信息的形成时间点，应为该信息达到重大性与一定程度的确定性相结合的节点，因此可以从以下两点对内幕信息敏感期进行抗辩。

(1) 内幕信息的本质是其对证券价格产生重大影响的可能性，这种可能性会影响证券投资市场交易的公平公开性，以及造成证券价格的异常波动。判断内幕信息形成时间点时，必须寻找内幕信息演变过程中满足“重大性”特征的标志性事件或者节点，这个事件或节点的出现，足以使普通投资者作出不一样的投资决策。如果信息不具备对价格或者投资者决策产生影响，这种影响力很微弱，则可以对这种“重大性”进行否认。

(2) 从立法规定的敏感期形成时间来看，立法者主要考虑到此时该信息实质上已具备一定程度的确定性，进而可能影响证券交易的价格。在处理相关案件时，需要把握信息形成的形式要件，如高层签字、公司用印等时间点，亦需要考虑信息形成的实质要件，如内容研讨会议等，从而提出对于敏感期起点的异议。

---

① 《证券法》第八十六条　依法披露的信息，应当在证券交易所的网站和符合国务院证券监督管理机构规定条件的媒体发布……

《上市公司信息披露管理办法》第八条　依法披露的信息，应当在证券交易所的网站和符合中国证监会规定条件的媒体发布……

《最高人民法院、最高人民检察院关于办理内幕交易、泄露内幕信息刑事案件具体应用法律若干问题的解释》第五条第四款　内幕信息的公开，是指内幕信息在国务院证券、期货监督管理机构指定的报刊、网站等媒体披露。

(三)主体要件

1."关系密切人员"的否定

内幕交易、泄露内幕信息罪中的"关系密切人员"获悉内幕信息通常经由内幕信息知情人的传递并进行交易,但并不能因此简单推定其构成内幕交易行为。具体来说:

首先,"关系密切人员"的交易行为应无"自证清白"的合理解释。违法内幕交易在实践中查证难度较高,不仅因为消息传递的场所比较隐蔽,还包括利用各种通信、信息交流渠道等复杂的形式进行消息传递。因此,"关系密切的人员"如何解释自己的交易行为并非依赖于内幕信息,而是正当合理的投资决定是排除内幕交易罪的要素之一。

其次,其交易行为特征必须与内幕信息"吻合"。包括交易行为(如接触到内幕信息后立即着手进行证券交易)、交易规模(如接触到内幕信息后交易规模与平日相比发生重大变化)、交易方式(如买入与内幕信息内容匹配且之前从未入手的证券)等。

2."相关交易明显异常"及"合理解释"的认定

《内幕交易司法解释》采用"列举+兜底"方式规定了内幕交易、泄露内幕信息犯罪的阻却事由,其中实践中争议较大,行为人以此作为申辩理由频率最高的是"基于事先订立的合同、指令、计划而从事证券交易行为"。实践中的抗辩可从以下角度予以考量:

(1)涉案交易行为是否背离行为人的交易习惯。例如,行为人除涉案交易外,还有多次类似本次交易的短线买入、卖出的交易,交易金额也均相近,就说明没有背离其交易习惯。

(2)行为人购买涉案股票是一次性买入,还是分多笔多次逐渐买入。例如,行为人在购买过程中,发现有资金不断进入,从而坚定了购买信心,便持续关注、多次买入,说明行为人是在基于专业判断的基础上实施的交易行为。

(3)除本次涉案交易行为外,行为人是否还有买卖涉案股票的行为。如果有则说明行为人有持续关注涉案股票,从而证明行为人购买涉案股票的理由至少一部分是基于其专业判断。

(4)行为人的涉案交易量占其证券账户总资金和市值的比重。如果行为人获取了内幕信息,往往会为了追求最大利润,重仓甚至全仓投入,而如果行为人投入的资金占其总资金和市值的比例相对较小,说明行为人除买入涉案股票外还同时持有大量其他公司的股票,因此可以推定行为人在买入涉案股票时并未获悉内幕信息。

(5)行为人是否使用他人账户或临时开设账户以逃避监管。

(6)行为人是否存在基于多年投资经验、分析、判断而购买涉案股票的可能。行为人如果是常年炒股,对涉案股票又长期关注;或者自身与发行涉案股票的公司有合作或往来,对该公司有一定了解,则就不能排除行为人是基于自身判断而购买涉案股票的合理怀疑。

(四)主观方面

本罪在主观方面只能以故意构成,应综合在案证据和当事人的陈述考虑。直接故意还是间接故意、交易故意还是泄露故意等对应不同的无罪、他罪的辩护策略。

(五)证监会《认定函》

关于证监会的《认定函》在刑事司法中的地位与作用,历来有不同的声音,但2024年4月16日,最高人民法院、最高人民检察院、公安部、中国证券监督管理委员会共同发布并实施的《关于办理证券期货违法犯罪案件工作若干问题的意见》第十八条提到,公安机关、人民检察院、人民法院可以就案件涉及的证券期货专业问题,商请证券期货监管机构出具专业认定意见，作为认定案件事实的参考。证券期货监管机构作出行政处罚的案件，进入刑事诉讼程序后主要事实和证据没有发生重大变化的，公安机关、人民检察院、人民法院可以参考行政处罚决定的认定意见。此举系明确《认定函》在刑事司法中的地位。

在内幕交易类案件中，《认定函》的核心内容是内幕知情人、内幕信息的认定以及对内幕信息敏感期的界定。从性质上看，《认定函》属于“对特殊法律事实”的行政认定。这种特殊性在于，其既不需要向内幕交易人作出，更无须向内幕交易人送达，内幕交易人很难看到函件的内容，更难以采取复议、复核等行政救济手段。内幕交易案件中辩护方在案件办理过程中更应高度重视《认定函》的作用，并有效利用证据规则进行充分质证。

《认定函》只是证监会的结论性意见，并非法定证据种类，仅供司法机关参考。实操中，司法机关过分依赖《认定函》，过于夸大《认定函》中对内幕交易类犯罪关键构罪条件如“内幕信息”“知情人员”“内幕信息形成时间”等行政认定效力的，辩护人应提出合理质疑，进而结合案件具体情况及当事人的辩解和理由，依法提出不能予以认定的辩护意见。

六、内幕交易风险分类防控意见

（一）上市公司的内控机制构建

1. 完善知情人登记制度，规范信息披露行为

上市公司应参照新规①对可能接触内幕信息的相关人员进行有针对性管理，持续监测、预防异常交易“端倪”，并按照规定合法、及时、全面地实施

① 《上市公司监管指引第 5 号——上市公司内幕信息知情人登记管理制度》《上市公司信息披露管理办法》。

信息披露行为。应注意：

(1)知情人登记的全面、准确。内幕信息知情人的登记不仅包括上市公司下属各部门、分公司、控股子公司，还应包含上市公司能“牵一发动全身”的参股公司，同时，应对上述主体的内部报告义务、报告程序及有关人员的信息披露职责予以精准的明确。

(2)重大事项的严格记载。上市公司进行收购、重大资产重组、发行证券、合并、分立、分拆上市等重大事项时，应严格依规填写内幕信息知情人档案，包括及时记录重大事项各阶段各环节的内幕信息知情人名单；明确记载知悉内幕信息的时间、地点、依据、方式、内容等信息，并交由内幕信息知情人确认。

(3)及时报送与补充。上市公司应制作并及时报送重大事项进程备忘录，内容包括但不限于筹划决策过程中各个关键时点的时间、参与筹划决策人员名单、筹划决策方式等，完整的知情人档案应在内幕信息被公开披露之前报送，披露后相关事项发生重大变化的，上市公司应及时补充报送。

2. 完善企业信息保密制度

上市公司需要从保密原则的制定、保密信息的密级划分以及保密信息的创建、标识、复制拷贝、储存、销毁等各方面设立明确清晰的操作指引。具体措施包括：

(1)明确保密管理人员和授权人员。以业务必要为原则，最大限度限缩知情人员范围，减少保密信息不必要的创建与传递。

(2)明确保密信息类型和保密级别。尤其是重大交易的磋商中，应在会议纪要中明确记录保密信息类型及密级，由参与磋商的各方共同签署以明晰保密义务。

(3)明确保密文件的存放与保管。涉密文件应在指定区域存储并附加保密措施，如纸质文件禁止携带外出，电子文件未经授权禁止拷贝传输等。

同时指派专人或部门对保密文件的借阅、归还、复制、读取等核查登记。

3. 开展证券合规内部培训

上市公司可通过证券法律合规培训,系统性提高内部人员法律风险意识,帮助相关人员了解涉内幕交易违法行为模式、知悉内幕交易行为的危害、强化内幕信息的保密意识,让员工树立自我管控和自我保护意识。

(二)专业机构的风险隔离强化

1. 证券机构应全面建立风险隔离制度

证券专业机构内部各部门、各团队之间,应对机构内部的交叉任职、业务往来、信息共享等行为进行合理隔离,防范敏感信息不当流动。同时,应采取有效的监督机制,在各项业务开展过程中严禁任何形式的利益输送,具体措施包括:

(1)保障办公独立。涉密业务部门的办公场所应独立设立,相应办公设备与其他业务部门应保持封闭状态。

(2)规范用人机制。证券公司信息技术(IT)部门、财务部门、监督检查部门与业务部门的人员不得相互兼任,资金清算人员不得由IT部门人员和交易部门人员兼任。

(3)建立内部监督与信息反馈机制。畅通、高效的内部监督渠道和客户信息反馈机制,可以确保监督检查部门及时了解机构经营和风险状况,督使各类投诉、可疑事件和内控缺陷得到妥善处理。

2. 证券从业者应严守职业道德

(1)切实履行"看门人"义务,严格依据事实和证据提出专业意见,不得利用提供服务便利牟取不当利益。

(2)加强内幕信息保密意识,谨慎保管重要文件,注意自身在社交平台的言论限度,同时避免与家人、亲友、同事谈论业务关联信息。

(3)拒绝利益陷阱,摒弃侥幸心理,切忌交易与业务相关的股票或建议他人购入关联性股票。

(三)普通投资者的风险意识强化

1. 通过正确渠道获取证券信息

可通过查阅上市公司发布的定期报告及临时报告、向上市公司投资者关系管理部门咨询、查询行业协会发布的行业报告等法定公开途径获取证券信息,切勿相信所谓“小道消息”进行证券投资。

2. 积累专业知识,增强法律意识

应秉持专业谨慎的心态参与证券交易,关注了解内幕交易类案核心要素,提高自身风险防范能力,具体要点包括:

(1)应积累证券交易专业知识,坚持价值投资。

(2)杜绝向他人刺探内幕信息,同时拒绝“帮助”证券从业人员或其他相关人员交易股票。

第四章

利用未公开信息交易罪

一、法律规定

（一）刑法条文

第一百八十条第四款 【利用未公开信息交易罪】证券交易所、期货交易所、证券公司、期货经纪公司、基金管理公司、商业银行、保险公司等金融机构的从业人员以及有关监管部门或者行业协会的工作人员，利用因职务便利获取内幕信息以外的其他未公开的信息，违反规定，从事与该信息相关的证券、期货交易活动，或者明示、暗示他人从事相关交易活动，情节严重的，依照第一款的规定处罚。

（二）其他相关规定

《中华人民共和国证券法》第五十四条、第一百九十一条第二款

《中华人民共和国证券投资基金法》第二十条第六项

《最高人民检察院、公安部关于公安机关管辖的刑事案件立案追诉标准的规定(二)》第三十一条

《最高人民法院、最高人民检察院关于办理利用未公开信息交易刑事案件适用法律若干问题的解释》

二、构成要件

(一)主体要件

本罪又称“老鼠仓”交易,本罪主体为特殊主体,是证券交易所、期货交易所、证券公司、期货经纪公司、基金管理公司、商业银行、保险公司等金融机构的从业人员以及有关监管部门或者行业协会的工作人员。具体可以分为两类:

一是投资管理人员,主要是证券交易所、期货交易所、证券公司、期货经纪公司、基金管理公司、商业银行、保险公司等金融机构的从业人员。

二是有关监管部门或者行业协会的工作人员,主要是证监会、国家金融监督管理局等具有金融证券监管职能的监管部门和证券业协会、银行业协会、期货业协会、基金业协会、保险业协会等接受金融监管部门监督管理与业务指导的自律性金融行业协会的工作人员。

利用未公开信息交易罪虽为特殊身份犯罪,但无特殊身份者仍存在构成共犯的刑事风险。实践中,本罪具有极其明显的“朋友圈”犯罪特征,即涉及共同犯罪的,大多为特殊身份人员的亲朋好友,例如,“零口供老鼠仓案”[①],王某作为基金公司交易员,利用其工作的便利获取投资信息,而后由其父亲、母亲建仓进行趋同交易,该案中,其父母虽非利用未公开信息交易

---

① 最高人民检察院指导性案例65号(2020年)。

罪的直接适格主体,但因其父母与具有特殊身份的王某构成共同犯罪,三人均受到刑事处罚。

(二)客体要件

本罪侵犯的客体是国家金融管理秩序和投资者合法权益。就国家金融管理秩序而言,行为人利用未公开的信息进行交易,一方面影响了信息披露制度在证券市场的运行,另一方面违反了证券市场公平、公正、公开交易的基本原则,具有极为显著的危害性。就投资者合法权益的角度而言,行为人的交易行为虽然在程序上可能与正常的交易行为基本一致,但因为行为人在先的交易行为,本质上影响了其他投资者获知市场信息并公平交易的权益。

(三)主观要件

本罪的主观方面只能由故意构成,在本罪中的故意中,包含一个前提和两个方向:一个前提是指行为人需要明知信息属于未公开信息;两个方向是指行为人故意以未公开信息进行交易或者故意将未公开信息传递给第三人,明示、暗示第三人交易。过失不构成本罪,如果行为人是不慎将未公开信息泄露,导致信息获取者进行相关证券交易的,不构成本罪。如果信息获取者在获取不慎泄露的未公开信息后进行了连续交易、洗售交易等操纵行为的,应当以其他犯罪进行评价。

(四)客观要件

本罪的客观行为主要体现在:利用因职务便利获取内幕信息以外的其他未公开的信息,违反规定,从事与该信息相关的证券、期货交易活动,或者明示、暗示他人从事相关交易活动,情节严重的。

1. 利用职务便利

本罪的行为起点在于信息获取,而这种信息获取需要通过特定的方式,方能构成行政违法或刑事犯罪。2019 年《证券法》修订前,《证券法》没有限定本罪的信息获取方式,只要法律禁止交易的特殊身份人员发生相关股票交易,即构成违法。但在该法修订后,行政和刑事上统一了本罪的信息获取途径,以"利用职务便利"作为违法构罪的前提,也就是说,如果行为人仅仅是路过偷听到了未公开信息,而后进行交易,并不属于本罪的规制范围。

需要特别注意的是,此处的"利用职务便利"本质上有别于受贿等典型职务类犯罪中的职务便利,根据后者对职务便利的理解,行为人应当具有自上而下的职务权利,即主管、负责、承办或其他制约关系。而本罪中的职务便利系指其职务所带来的便利条件,包括决策、经手、参与等。例如,在胡某夫利用未公开信息交易案[①]中,胡某夫仅仅是利用分发、执行基金经理指令的便利获取未公开信息进行交易,同样构成犯罪。

2. 交易行为

本罪是否会受到刑事处罚,仅仅"获取信息"是不够的,行为人应当同时存在"交易"行为,对于"交易"行为,可以分成两种情形进行理解:

情形一是自行交易,也就是具有特殊身份的行为人获取信息后,通过自己的账户或者控制第三方的账户进行交易。

情节二是明示、暗示他人进行交易,也就是具有特殊身份的行为人获取信息后,将信息传递给第三方,由第三方进行交易的行为。

情形一中,无论行为人是获利抑或亏损,只要达到相应的构罪情节条件,即构成犯罪。情形二中,行为人是否通过传递信息获利并不是构成犯罪的必备条件,即便行为人"无利益条件"地向第三方传递信息,只要其传达的信息导致第三方的"交易",并达到法定量刑标准,行为人同样具有明显的刑事法律风险。

此外,"交易"应当具有关联性,即发生的交易行为必然是与行为人获

① 北京市高级人民法院刑事判决书,(2018)京刑终 70 号。

悉或者告知第三方的未公开信息相关的交易，且在时间、交易方向、交易种类上存在直接关联。例如，行为人在获悉某一基金公司投资信息后，去投资该交易涉及的指数基金，就不构成本罪，因为指数基金本身系对整个市场或行业的形势和短期内二级市场上的供求关系的体现，不会因为单个公司的运营业务或股票涨幅出现巨大波动，此时未公开信息与“交易”间的关联性存在阻断，无法直接对应。

3. 交易趋同性

交易的趋同性，包含了交易关联性，是判断案件是否构成利用未公开信息交易违法行为的重要条件之一，也是大多行为不构成犯罪的重点辩解环节。推断交易趋同性可从以下几个方面展开：

(1)行为人利用职务便利获取未公开信息后，存在多次买卖相同股票行为；

(2)行为人获悉未公开信息的时间与其本人或与行为人具有关联关系的第三方实施交易行为的初始时间具有关联性；

(3)行为人本人或第三方从事相关交易的证券、期货品种、交易时间与未公开信息所涉证券、期货品种、交易时间等方面基本一致。

对于趋同性与交易时间如何对应，法律上并没有明确的规定，司法实践中存在多种判断方式，例如，广东省高级人民法院(2016)粤刑终79号判决书中采用了“前5后0”的判断标准；深圳市中级人民法院(2018)粤03刑初681号判决书中，深交所则具体根据行为人职位和交易特点采用“前0后2”标准。此外还有“前4后3”型和“前3后5”型等，在时间选择上存在较大的变动性。

此外，司法实践中对“交易趋同性”的判断会结合“异常交易”同步展开，也就是说，必须同时符合交易存在趋同性且该交易为异常交易，方才构成犯罪。所谓异常交易，即行为人或第三人的交易行为与其本身的股票交易行为存在明显差异，如行为人的交易习惯是长期交易，而在某个时间段内突然频繁短期交易等。

4. 犯罪数额的认定

对犯罪数额的判断是本罪行为评价的最后一道关卡，在利用未公开信息交易行为的刑事处罚判断标准中，排除期货保证金判断标准，存在两类数额计算的标准：一是获利或者避免损失额；二是证券交易成交额。司法实践中，因行为人的趋同交易常出现单向和双向两种模式，相应的对这两类数额的计算方式也存在较多争议。

(1)对于获利金额，实践中存在两种计算方法：

一是针对双边趋同的计算方式，即将趋同卖出的金额减去趋同买入的金额，并扣除相关的佣金、税费等，计为获利金额。该种计算较为明确，也较少存在争议。

二是针对单边趋同的计算方式，该种计算方式类似操纵证券市场类犯罪的证券价值计算方式，即设立一个计算的基准日，将趋同交易涉及的金额与基准日证券价值进行差额计算，扣减相关佣金、税费等，计为获利金额。该种计算方式没有明确的法律依据，基准日如何确定仍存在争议。

(2)鉴于证券交易成交额同样是量刑和入罪的标准之一，对于交易金额如何计算，可能决定了当事人的行为是否构成犯罪，实践中同样存在两种计算方法：

一是单边计算交易金额，即使交易是双边趋同，也仅计算一边的趋同交易额，例如，利用未公开信息案例中较为典型的李某利老鼠仓案①就是计算单边交易金额。

二是双边计算交易金额，即双边趋同则趋同买入的交易金额和趋同卖出的交易金额均计算在内，例如，上海市高级人民法院(2017)沪刑终18号判决书即以买入和卖出累计计算成交额。

---

① 上海市高级人民法院刑事判决书，(2013)沪高刑终字第5号。

三、追诉标准

《立案追诉标准(二)》(2022)将本罪的追诉标准从一类判断标准分为了两类,基本与《最高人民法院、最高人民检察院关于办理利用未公开信息交易刑事案件适用法律若干问题的解释》(以下简称《未公开信息交易案件解释》)的情节严重标准保持一致,笔者将其分为直接型入罪标准与间接型入罪标准。(见表1－4－1)间接型入罪标准,需要在前提条件达成的情况下(获利或者避免损失数额在五十万元以上,或者证券交易成交额在五百万元以上,或者期货交易占用保证金数额在一百万元以上),实施相关行为才会构成犯罪。

表1－4－1　利用未公开信息交易刑事案件追诉标准变化

直接型入罪标准	
《立案追诉标准(二)》(2010)	《立案追诉标准(二)》(2022)
证券交易成交额累计在**五十万元以上**的	—
期货交易占用保证金数额累计在三十万元以上的	—
获利或者避免损失数额**累计在十五万元以上**的	获利或者避免损失数额在**一百万元以上**的
多次利用内幕信息以外的其他未公开信息进行交易活动的	明示、暗示三人以上从事相关交易活动的
—	二年内三次以上利用未公开信息交易的
间接型入罪标准	
《立案追诉标准(二)》(2010)	《立案追诉标准(二)》(2022)
—	以出售或者变相出售未公开信息等方式,明示、暗示他人从事相关交易活动的
—	因证券、期货犯罪行为受过刑事追究的
—	二年内因证券、期货违法行为受过行政处罚的

四、量刑标准

与追诉标准一致的是，本罪的量刑标准存在两种，一种是直接型量刑标准，另一种是间接型量刑标准，也就是需要在前置条件达成的情况下，实施后置条件中的任意一种行为即构成情节严重或情节特别严重。（见表1－4－2）在《未公开信息交易案件解释》发布之前，本罪没有关于情节特别严重的相关规定，对于发生在司法解释发布之前的行为，是否适用本罪情节特别严重的标准，应当以司法解释的溯及力规则来判断，根据司法解释的溯及力规则，司法解释颁布后尚未处理或正在处理的行为应当适用司法解释的规定。

表1－4－2　利用未公开信息交易罪量刑标准

<table>
<tr><th colspan="4">量刑标准</th></tr>
<tr><th>种类</th><th>前置条件</th><th>后置条件</th><th>量刑范围</th></tr>
<tr><td rowspan="2">情节严重</td><td>—</td><td>1. 违法所得数额在一百万元以上的；
2. 二年内三次以上利用未公开信息交易的；
3. 明示、暗示三人以上从事相关交易活动的。</td><td rowspan="2">五年以下</td></tr>
<tr><td>1. 违法所得数额在五十万元以上；
2. 证券交易成交额在五百万元以上；
3. 期货交易占用保证金数额在一百万元以上。</td><td>1. 以出售或者变相出售未公开信息等方式，明示、暗示他人从事相关交易活动的；
2. 因证券、期货犯罪行为受过刑事追究的；
3. 二年内因证券、期货违法行为受过行政处罚的；
4. 造成恶劣社会影响或者其他严重后果的。</td></tr>
</table>

续表

量刑标准			
种类	前置条件	后置条件	量刑范围
情节特别严重	—	违法所得数额在一千万元以上。	五年以上十年以下
	1. 违法所得数额在五百万元以上； 2. 证券交易成交额在五千万元以上； 3. 期货交易占用保证金数额在一千万元以上。	1. 以出售或者变相出售未公开信息等方式，明示、暗示他人从事相关交易活动的； 2. 因证券、期货犯罪行为受过刑事追究的； 3. 二年内因证券、期货违法行为受过行政处罚的； 4. 造成恶劣社会影响或者其他严重后果的。	

五、辩护要点

（一）客观方面

1. 未公开信息的获悉途径并非利用职务便利。构成本罪需要明确证明未公开信息是行为人利用职务便利获得，且是实施相关交易活动的唯一信息来源。辩护人可以从行为人有其他获取途径的，如其他论坛、社交平台等进行辩护。

2. 第三方的交易行为与行为人无关联。对于明示、暗示他人交易的情况，辩护人可以从第三方交易的时间、第三方往常的交易习惯、第三方日常的股票分析等证明第三方交易与行为人缺乏关联性。

3. 涉案交易不属于趋同交易。高度趋同的概念暂无法律的明文规定，也给了辩护人辩护的空间，辩护人可就趋同交易时间点的判断标准、趋同交易在行为人同一股票投资中的占比等要求司法机关排除趋同性。

4. 是否存在异常交易。认定本交易涉嫌犯罪的另一个重要标准就是交易的异常，辩护人可从行为人存在持续的日常股票投资习惯，排除异常交易。

(二)主体要件

本罪为特殊主体,对于非特殊主体的行为人需要证明与特殊主体存在共同犯罪的情况方可构成本罪,辩护人可从行为人的身份与特殊主体不存在联系或与特殊主体存在联系的时间与未公开信息产生的时间不一致等方面认定行为人并非适格主体。

(三)主观方面

1. 行为人不认为信息属于未公开信息。本罪中,行为人需要对未公开信息的性质有明确的认识,辩护人可从行为人获悉该信息时,该信息在其周围的传播广泛程度、信息获取时的环境等,对行为人对信息性质的认定作出辩护。

2. 行为人没有明示、暗示他人进行交易的故意。本罪中,对于第三方进行交易的情况,行为人需要有明示、暗示他人进行交易的故意,过失泄露未公开信息的情况不构成犯罪,辩护人可从行为人对信息的保密措施、行为人泄露信息的环境等方面对交易的故意作出辩护。

(四)数额方面

1. 以单边计算为准,避免重复评价。本罪的计算标准存在双边和单边的计算争议,对于有双边交易行为的情况,辩护人可从避免在法律上重复评价的角度,提出单边计算的辩护意见。

2. 对于案发时证券并未全部出售的情况,辩护人应当根据案发后证券的整体交易价格判断辩护方向,对于案发后证券无法卖出存在亏损的,应当积极辩护从获利金额中扣除亏损,对于单边趋同的计算,应当综合案件情况从有利于行为人的角度判断基准日。

3. 对于因涉案期间市场其他情况导致的价格波动应当扣除。辩护人应同时关注涉案期间涉案证券是否受到市场其他事件的影响而发生波动，提出排除其他影响金额的辩护意见。

六、合规建设意见

（一）建立审核制度，树立合规高墙

1. 完成“建章立制”这一首要关键任务。本罪就其产生的方式而言，本质上为职务类犯罪行为，对于因职务职权而产生的刑事法律风险，制度是规避风险的良好基石。基金公司或证券公司可适当制定《信息隔离墙制度》《未公开信息知情人等级制度》等，通过明确划分信息流转范围，隔离信息在不同职位或岗位之间的流通，配合与员工签订相关保密协议，从而建立第一步“老鼠仓”隔离保障措施。

2. 对信息进行隔离的基础上，对员工交易行为作出限定。公司可以着眼于限制特殊时间段内的员工及关联方交易行为，针对一些员工主管、承办、决定、经手的投资业务，可在制度中明确说明，就该部分员工及其关联方在信息未公开时间段内，不得从事与该业务相关的证券交易行为，并明确合理的内部惩处措施和举报方案。

（二）规范信息传递，有效隔离流转

1. 设立完整且保密性较高的内部沟通渠道。公司可划分工作信息的发送范围，限制员工通过内部沟通渠道交流。在明确告知员工的情况下，通过限制渠道的方式，对渠道内产生的特殊敏感词进行监测，以达到公司整体的合规要求。

2. 将材料储存路径限制与加密作为信息隔离的有效手段。对员工因职务工作产生的材料，公司应当限定员工保存在公司提供的电脑或者硬盘

内,并在员工离职时及时回收,以有效隔离员工对外的信息流转,并对特殊内容进行加密,以保证除当事员工本人外的非相关人员无法查阅。

(三)加强交易监测,关注利益冲突

1. 以建立的制度为基础,实施合理且规范的监测行为。对于未公开期间的投资事项承办人员有针对性监测是许多基金公司和证券公司都在实际操作的,在员工账户的基础上,公司可选择合理要求员工申报其关联人员的账户信息,在相同的特殊时间段内进行监测。同时,公司应当在信息公开前后,对异常大额建仓情况进行持续关注,合理排摸与申报,避免因"老鼠仓"行为反向影响投资人利益。

2. 建立良好的利益冲突豁免机制,避免利益冲突成为刑事风险敞口。公司同时针对不同投资项目或不同投资人存在两项相同的投资计划时,应当注意明确由客户豁免利益冲突,并进行适当披露,否则极有可能因证券账户与资管计划或者其他项目计划存在趋同性而被认定存在"老鼠仓"行为,即便该部分利益最终并非由公司享有,也不影响公司本身在此类行为中存在的刑事风险。

(四)区别行为性质,加强投资引导

1. 有效区分合理的商业促进策略和"老鼠仓"行为。部分私募机构为整体调整投资产品收益,会倡导员工对私募产品进行跟投。对于该种情况,公司应当明确区分跟投产品与跟投证券间的差异,避免因为错误的信息传递导致公司产生"老鼠仓"的刑事风险。此外,私募机构可积极引导员工跟投私募产品,以便有效减少员工因逐利心态另行建立"老鼠仓",导致公司投资和员工刑事双重风险。

2. 及时有效对员工开展"老鼠仓"风险防范类培训。针对"高危"岗位和"低意识"人群进行有针对性培训,将未公开信息的产生、储存、获悉、保

密、交易限制相关法律后果以公开员工培训的方式传达给相关人员,并保留培训记录。以达到在加强员工金融投资意识的同时,加强其法律风险防控意识,从而实现公司金融与合规的双向互利共赢。

第五章

操纵证券、期货市场罪

一、法律规定

（一）刑法条文

第一百八十二条　【操纵证券、期货市场罪】有下列情形之一，操纵证券、期货市场，影响证券、期货交易价格或者证券、期货交易量，情节严重的，处五年以下有期徒刑或者拘役，并处或者单处罚金；情节特别严重的，处五年以上十年以下有期徒刑，并处罚金：

（一）单独或者合谋，集中资金优势、持股或者持仓优势或者利用信息优势联合或者连续买卖的；

（二）与他人串通，以事先约定的时间、价格和方式相互进行证券、期货交易的；

（三）在自己实际控制的账户之间进行证券交易，或者以自己为交易对象，自买自卖期货合约的；

（四）不以成交为目的，频繁或者大量申报买入、卖出证券、期货合约并撤销申报的；

（五）利用虚假或者不确定的重大信息，诱导投资者进行证券、期货交易的；

（六）对证券、证券发行人、期货交易标的公开作出评价、预测或者投资建议，同时进行反向证券交易或者相关期货交易的；

（七）以其他方法操纵证券、期货市场的。

单位犯前款罪的，对单位判处罚金，并对其直接负责的主管人员和其他直接责任人员，依照前款的规定处罚。

（二）其他相关规定

《中华人民共和国证券法》第五十五条、第一百九十二条

《最高人民检察院、公安部关于公安机关管辖的刑事案件立案追诉标准的规定（二）》第三十四条

《最高人民法院、最高人民检察院关于办理操纵证券、期货市场刑事案件适用法律若干问题的解释》

《证券市场操纵行为认定指引（试行）》[①]

二、构成要件

（一）主体要件

本罪主体为一般主体，自然人和单位均可构成本罪主体，任何直接或间接实施操纵行为者，均可能成为操纵行为人。

---

① 现已失效，实务中仍具有参考意义。

（二）客体要件

本罪侵犯的客体是正常的证券、期货市场秩序和投资者的合法权益。具体而言，操纵证券、期货的行为对于金融管理秩序的破坏最突出的特征在于行为人滥用自身优势，破坏证券、期货市场的“三公”原则。

（三）主观要件

本罪的主观方面只能由故意构成，我国现有法律法规暂无明确规定指明“操纵”故意的具体内涵。

实务中，司法机关对于“操纵”故意的常见表述有：通过人为影响股价获利或减损、诱使投资者交易、扰乱市场秩序、意图影响证券交易价格和交易量等，具体可完整归纳为三层故意内涵：

1. 通过交易或信息发布表达与其内心真意不一致的价值判断；

2. 诱导他人实施其所希望的证券交易或者使价格向特定方向移动；

3. 意图交易获利或谋取相关利益。

（四）客观要件

本罪的客观行为表现为操纵证券、期货市场，影响证券、期货交易价格或者证券、期货交易量，具体可分为以下常见操纵类型。

1. 连续交易

连续交易，是指单独或者合谋，利用集中资金优势、持股或者持仓优势或者利用信息优势联合或者连续买卖。

联合买卖，是指 2 个以上行为人，约定在某一时段内一起买入或卖出某种证券。符合下列情形之一的，可认定为联合买卖：

（1）2 个以上行为人按照事先的约定，在某一时段内一起买入或者相继买入某种证券；

(2)2个以上行为人按照事先的约定,在某一时段内一起卖出或者相继卖出某种证券;

(3)2个以上行为人按照事先的约定,在某一时段内其中一个或数个行为人一起买入或相继买入而其他行为人一起卖出或相继卖出某种证券。

连续买卖,是行为人通过系列交易,进行相同方向的连续买入或者卖出,从而对投资者造成混淆,制造市场虚假活跃性。实务中对于“连续”的认定,指两次或两次以上的买卖交易。

2. 约定交易

约定交易,是指与他人串通,以事先约定的时间、价格和方式相互进行交易。

该类型操纵行为存在以下典型特征:

(1)不具有控制与被控制关系的双方当事人之间相互交易;

(2)双方当事人之间达成约定买卖特定证券的通谋;

(3)在相近时间点上以相近价格和数量进行反向交易。

3. 洗售交易(自买自卖)

洗售交易,是指在自己实际控制的账户之间进行证券交易,或者以自己为交易对象,自买自卖期货合约。

该类型操纵行为存在以下典型特征:

(1)交易证券或期货所有权不发生实质转移;

(2)操纵股价后通过反向交易获利。

4. 虚假申报

虚假申报操纵,是指不以成交为目的,频繁申报、撤单或者大额申报、撤单,误导投资者作出投资决策,影响证券、期货交易价格或者证券、期货交易量,并进行与申报相反的交易或者谋取相关利益。

异常申报监测通常结合以下判断标准综合筛查:

(1)投资者在单只股票的交易中多次发生先申报后在短时间内撤销的

情况；

(2)投资者申报后快速撤销申报的频次较多,撤销申报数量比例较高；

(3)投资者的申报数量或金额较大。

5. 蛊惑交易

蛊惑交易,是指利用虚假或者不确定的重大信息,诱导投资者作出投资决策,影响证券、期货交易价格或者证券、期货交易量,并进行相关交易或者谋取相关利益。

"利用"具体可体现为编造或传播行为。编造行为,即虚构不存在的信息以及篡改、加工、隐瞒真实信息的行为;传播行为,即利用各种方法使该虚假信息处于特定或者不特定多数人知悉或者可能知悉的状态,如通过互联网、手机、电视、报纸等载体传播虚假信息。

相关司法解释对"虚假或者不确定的重大信息"无明确规定。实务中要求相关信息具有价格敏感性,能够对特定证券交易价格与交易量产生直接影响且足以影响、煽动投资者改变投资决策,如官方政府消息、上市公司利好利空消息、机构投资者资金消息等。

6. 抢帽子交易

抢帽子交易,是指对证券、证券发行人、期货交易标的公开作出评价、预测或者投资建议,同时进行反向证券交易或者相关期货交易。

该类型操纵行为存在以下典型特征：

(1)行为人同时存在"预先买入—公开荐股—反向交易"的行为；

(2)"推荐对象"局限于证券、证券发行人、期货交易标的；

(3)"推荐行为"是一种"评价、预测、投资建议"行为,而非狭义的信息编造、传播行为,评价内容是否虚假不影响刑事认定,侧重于个人主观推断、专业分析。

7. 虚构重大事项操纵

虚构重大事项操纵,是指通过策划、实施资产收购或者重组、投资新业务、股权转让、上市公司收购等虚假重大事项，误导投资者作出投资决策，影响证券交易价格或者证券交易量，并进行相关交易或者谋取相关利益。

该类型操纵行为的判断关键要素在于虚构重大事项存在一定客观行为表示，比如重组计划的安排与披露、签订收购计划具体协议等。

8. 控制信息操纵

控制信息操纵，是指通过控制发行人、上市公司信息的生成或者控制信息披露的内容、时点、节奏，误导投资者作出投资决策，影响证券交易价格或者证券交易量，并进行相关交易或者谋取相关利益。

该类型操纵行为的判断关键要素在于信息生成、披露行为与交易行为相配合。操纵者控制信息发布的节奏和内容，或拆分披露，或延迟披露，或选择性披露，所发布的信息既可能是虚假信息、夸大信息，也可能是真实信息。

9. 跨期现货市场操纵

跨期现货市场操纵，是指通过囤积现货，影响特定期货品种市场行情，并进行相关期货交易。

三、追诉标准

2010 年《立案追诉标准（二）》在先规定操纵证券、期货市场刑事追诉标准，后于《最高人民法院、最高人民检察院关于办理操纵证券、期货市场刑事案件适用法律若干问题的解释》（以下简称《操纵证券期货案件解释》）开始实施后被实质替代。2022 年《立案追诉标准（二）》全面修订后，正式与《操纵证券期货案件解释》量刑标准相协调一致。表 1 - 5 - 1 以行为类型对新旧追诉标准进行对比，主要修订点在于：

1. 部分操纵行为类型对证券和期货市场分别设定立案标准；

2. 降低连续交易关于持有量占比、连续交易天数和成交量占比的要求；

3. 降低约定交易和洗售交易关于连续交易天数的要求;

4. 新增并细化信息型操纵证券行为模式;

5. 完善虚假申报操纵追诉标准;

6. 新增违法所得标准:获利或避免损失数额在100万元以上的,即满足立案追诉标准;

7. 明确特殊人员和特殊情形的立案追诉标准;

8. 明确新三板操纵适用规则。

表1-5-1　操纵证券、期货市场罪追诉标准变化

操纵类型	《立案追诉标准(二)》(2010)	《立案追诉标准(二)》(2022)
—	第三十九条　[操纵证券、期货市场案(刑法第一百八十二条)]操纵证券、期货市场,涉嫌下列情形之一的,应予立案追诉:	第三十四条　[操纵证券、期货市场案(刑法第一百八十二条)]操纵证券、期货市场,**影响证券、期货交易价格或者证券、期货交易量,**涉嫌下列情形之一的,应予立案追诉:
连续交易(证券)	(一)~~单独或者合谋~~,持有或者实际控制证券的流通股份数达到该证券的实际流通股份总量**百分之三十**以上,且在该证券**连续二十个交易日**内联合或者连续买卖股份数累计达到该证券同期总成交量**百分之三十**以上的;	(一)持有或者实际控制证券的流通股份数量达到该证券的实际流通股份总量**百分之十**以上,实施刑法第一百八十二条第一款第一项操纵证券市场行为,**连续十个交易日**的累计成交量达到同期该证券总成交量**百分之二十**以上的;
连续交易(期货)	(二)~~单独或者合谋,持有或者~~实际控制~~期货合约的数量~~超过期货交易所业务规则限定的持仓量百分之五十以上,且在该期货合约连续二十个交易日内联合或者连续买卖期货合约数累计达到该期货合约同期总成交量百分之三十以上的;	(七)实施刑法第一百八十二条第一款第一项操纵期货市场行为,实际控制的账户合并持仓**连续十个交易日的最高值超过期货交易所限仓标准的二倍,累计成交量达到同期该期货合约总成交量百分之二十以上,且期货交易占用保证金数额在五百万元以上的**;

续表

操纵类型	《立案追诉标准(二)》(2010)	《立案追诉标准(二)》(2022)
约定交易 洗售交易	(三)与他人串通，以事先约定的时间、价格和方式相互进行证券或者期货合约交易，且在该证券或者期货合约连续**二十个交易日**内成交量累计达到该证券或者期货合约同期总成交量百分之二十以上的； (四)在自己实际控制的账户之间进行证券交易，或者以自己为交易对象，自买自卖期货合约，且在该证券或者期货合约**连续二十个交易日**内成交量累计达到该证券或者期货合约同期总成交量百分之二十以上的；	(二)实施刑法第一百八十二条第一款第二项、第三项操纵证券市场行为，连续**十个交易日**的累计成交量达到同期该证券总成交量百分之二十以上的； (九)实施刑法第一百八十二条第一款第二项、第三项操纵期货市场行为，实际控制的账户**连续十个交易日**的累计成交量达到同期该期货合约总成交量百分之二十以上，且期货交易占用保证金数额在**五百万元以上的**；
虚假申报	(五)~~单独或者合谋，当日连续~~申报买入或者卖出~~同一~~证券、期货合约并在成交前撤回申报，撤回申报量占当日该种证券总申报量或者该种期货合约总申报量百分之五十以上的；	(十二)**不以成交为目的，频繁或者大量**申报买入、卖出证券、期货合约并撤销申报，当日累计撤回申报量达到同期该证券、期货合约总申报量百分之五十以上，**且证券撤回申报额在一千万元以上、撤回申报的期货合约占用保证金数额在五百万元以上的**；
蛊惑交易、 虚构重大事项操纵、 控制信息操纵 (证券)	(六)~~上市公司及其董事、监事、高级管理人员、实际控制人、控股股东或者其他关联人单独或者合谋，~~利用信息优势，操纵该公司证券交易价格或者证券交易量的；	(三)利用虚假或者不确定的重大信息，诱导投资者进行证券交易，行为人进行相关证券交易的成交额在一千万元以上的； (五)通过策划、实施资产收购或者重组、投资新业务、股权转让、上市公司收购等虚假重大事项，误导投资者作出投资决策，并进行相关交易或者谋取相关利益，证券交易成交额在一千万元以上的； (六)通过控制发行人、上市公司信息的生成或者控制信息披露的内容、时点、节奏，误导投资者作出投资决策，并进行相关交易或者谋取相关利益，证券交易成交额在一千万元以上的；

续表

操纵类型	《立案追诉标准(二)》(2010)	《立案追诉标准(二)》(2022)
蛊惑交易(期货)	—	(十)利用虚假或者不确定的重大信息,诱导投资者进行期货交易,行为人进行相关期货交易,实际控制的账户连续十个交易日的累计成交量达到同期该期货合约总成交量百分之二十以上,且期货交易占用保证金数额在五百万元以上的;
抢帽子交易(证券)	(七)~~证券公司、证券投资咨询机构、专业中介机构或者从业人员,违背有关从业禁止的规定,买卖或者持有相关证券,~~通过对证券或者其发行人、~~上市公司~~公开作出评价、预测或者投资建议,~~在该证券的交易中谋取利益,情节严重的~~;	(四)对证券、证券发行人公开作出评价、预测或者投资建议,**同时进行反向证券交易,证券交易成交额在一千万元以上的**;
抢帽子交易(期货)	—	(十一)对期货交易标的公开作出评价、预测或者投资建议,同时进行相关期货交易,实际控制的账户连续十个交易日的累计成交量达到同期该期货合约总成交量的百分之二十以上,且期货交易占用保证金数额在五百万元以上的;
跨期现货市场操纵	—	(八)通过囤积现货,影响特定期货品种市场行情,并进行相关期货交易,实际控制的账户合并持仓连续十个交易日的最高值超过期货交易所限仓标准的二倍,累计成交量达到同期该期货合约总成交量百分之二十以上,且期货交易占用保证金数额在五百万元以上的;
—	—	(十三)实施操纵证券、期货市场行为,获利或者避免损失数额在一百万元以上的。
—	~~(八)其他情节严重的情形~~。	

续表

操纵类型	《立案追诉标准(二)》(2010)	《立案追诉标准(二)》(2022)
特殊主体、特殊情形操纵	—	操纵证券、期货市场,影响证券、期货交易价格或者证券、期货交易量,获利或者避免损失数额在五十万元以上,同时涉嫌下列情形之一的,应予立案追诉: (一)发行人、上市公司及其董事、监事、高级管理人员、控股股东或者实际控制人实施操纵证券、期货市场行为的; (二)收购人、重大资产重组的交易对方及其董事、监事、高级管理人员、控股股东或者实际控制人实施操纵证券、期货市场行为的; (三)行为人明知操纵证券、期货市场行为被有关部门调查,仍继续实施的; (四)因操纵证券、期货市场行为受过刑事追究的; (五)二年内因操纵证券、期货市场行为受过行政处罚的; (六)在市场出现重大异常波动等特定时段操纵证券、期货市场的; (七)造成其他严重后果的。
新三板操纵	—	对于在全国中小企业股份转让系统中实施操纵证券市场行为,社会危害性大,严重破坏公平公正的市场秩序的,比照本条的规定执行,但本条第一款第一项和第二项除外。

四、量刑标准

2019 年《操纵证券期货案件解释》确定了操纵证券、期货市场罪的量刑标准,《立案追诉标准(二)》(2022)对量刑标准并无实质性改动,表 1 - 5 - 2 依据行为类型对本罪量刑标准进行归纳。

表1-5-2　操纵证券、期货市场罪量刑标准

行为类型	情节严重	情节特别严重
连续交易（证券）	1. 持有或者实际控制证券的流通股份数量达到该证券的实际流通股份总量百分之十以上，连续十个交易日的累计成交量达到同期该证券总成交量百分之二十以上； 2. 违法所得数额在一百万元以上。	1. 持有或者实际控制证券的流通股份数量达到该证券的实际流通股份总量百分之十以上，连续十个交易日的累计成交量达到同期该证券总成交量百分之五十以上； 2. 违法所得数额在一千万元以上。
连续交易（期货）	1. 实际控制的账户合并持仓连续十个交易日的最高值超过期货交易所限仓标准的二倍，累计成交量达到同期该期货合约总成交量百分之二十以上，且期货交易占用保证金数额在五百万元以上； 2. 违法所得数额在一百万元以上。	1. 实际控制的账户合并持仓连续十个交易日的最高值超过期货交易所限仓标准的五倍，累计成交量达到同期该期货合约总成交量百分之五十以上，且期货交易占用保证金数额在二千五百万元以上的； 2. 违法所得数额在一千万元以上。
约定交易 洗售交易（证券）	1. 连续十个交易日的累计成交量达到同期该证券总成交量百分之二十以上； 2. 违法所得数额在一百万元以上。	1. 连续十个交易日的累计成交量达到同期该证券总成交量百分之五十以上； 2. 违法所得数额在一千万元以上。
约定交易 洗售交易（期货）	1. 实际控制的账户连续十个交易日的累计成交量达到同期该期货合约总成交量百分之二十以上，且期货交易占用保证金数额在五百万元以上的； 2. 违法所得数额在一百万元以上。	1. 实际控制的账户连续十个交易日的累计成交量达到同期该期货合约总成交量百分之五十以上，且期货交易占用保证金数额在二千五百万元以上的； 2. 违法所得数额在一千万元以上。
虚假申报	1. 当日累计撤回申报量达到同期该证券、期货合约总申报量百分之五十以上，且证券撤回申报额在一千万元以上，撤回申报的期货合约占用保证金数额在五百万元以上的； 2. 违法所得数额在一百万元以上。	违法所得数额在一千万元以上。

续表

行为类型	情节严重	情节特别严重
蛊惑交易、抢帽子交易、虚构重大事项操纵、控制信息操纵（证券）	1. 证券交易成交额在一千万元以上； 2. 违法所得数额在一百万元以上。	1. 证券交易成交额在五千万元以上的； 2. 违法所得数额在一千万元以上。
蛊惑交易、抢帽子交易（期货）	1. 实际控制的账户连续十个交易日的累计成交量达到同期该期货合约总成交量百分之二十以上，且期货交易占用保证金数额在五百万元以上的； 2. 违法所得数额在一百万元以上。	1. 实际控制的账户连续十个交易日的累计成交量达到同期该期货合约总成交量百分之五十以上，且期货交易占用保证金数额在二千五百万元以上的； 2. 违法所得数额在一千万元以上。
跨期现货市场操纵	1. 实际控制的账户合并持仓连续十个交易日的最高值超过期货交易所限仓标准的二倍，累计成交量达到同期该期货合约总成交量百分之二十以上，且期货交易占用保证金数额在五百万元以上的； 2. 违法所得数额在一百万元以上。	1. 实际控制的账户合并持仓连续十个交易日的最高值超过期货交易所限仓标准的五倍，累计成交量达到同期该期货合约总成交量百分之五十以上，且期货交易占用保证金数额在二千五百万元以上的； 2. 违法所得数额在一千万元以上。
其他方法操纵	违法所得数额在一百万元以上。	违法所得数额在一千万元以上。
特殊主体、特殊情形操纵①	违法所得在五十万元以上。	违法所得在五百万元以上。

① 《最高人民法院、最高人民检察院关于办理操纵证券、期货市场刑事案件适用法律若干问题的解释》第三条　操纵证券、期货市场，违法所得数额在五十万元以上，具有下列情形之一的，应当认定为刑法第一百八十二条第一款规定的“情节严重”：

（一）发行人、上市公司及其董事、监事、高级管理人员、控股股东或者实际控制人实施操纵证券、期货市场行为的；

（二）收购人、重大资产重组的交易对方及其董事、监事、高级管理人员、控股股东或者实际控制人实施操纵证券、期货市场行为的；

（三）行为人明知操纵证券、期货市场行为被有关部门调查，仍继续实施的；

（四）因操纵证券、期货市场行为受过刑事追究的；

（五）二年内因操纵证券、期货市场行为受过行政处罚的；

（六）在市场出现重大异常波动等特定时段操纵证券、期货市场的；

（七）造成恶劣社会影响或者其他严重后果的。

五、辩护要点

（一）客体要件

行为人并未扰乱证券、期货市场秩序，未对证券、期货交易价格或者证券、期货交易量产生明显影响。

（二）客观方面

1. 从各类操纵行为的行为模式上寻找抗辩的突破口，如对证券、证券发行人、期货交易标的公开作出评价、预测或者投资建议后，进行了与其评价、预测、投资建议相符的操作。

2. 交易型操纵应关注个案证据中持仓量占比及成交量占比计算方式是否存在突破空间，可重点关注三大要素：测算期间是否连续不间断、持仓量占比是否单日皆超过规定占比、成交量占比及买入卖出行为是否存在重复计算。

3. 信息型操纵要求行为人操纵行为足以诱导投资者决策，可从行为缺乏影响力、涉案信息缺乏重大性两方面进行辩护。

4. 可影响证券、期货中盈亏的因素众多，如宏观政策、市场情绪、行业发展等，据此，可从认定操纵行为与市场行情变动的因果关系的角度进行辩护。

5. 存在法律规定的不属于操纵证券市场的其他情形：

（1）上市公司回购股份；

（2）上市公司控股股东及相关股东为履行法定或约定的义务而交易上市公司股份；

（3）经中国证监会许可的其他市场操作。

(三)主体要件

1. 抢帽子交易犯罪主体依《立案追诉标准(二)》(2010)规定属于特殊主体,可从行为人不属于"证券公司、证券咨询机构、专业中介机构及其工作人员"角度辩护。

2.《刑法修正案(十一)》和《证券法》取消了对于抢帽子交易犯罪主体从业身份的要求,转而强调有影响力的荐股行为与买卖牟利的联动关系,可从行为人不具有社会影响力角度辩护。

(四)主观方面

客观陈述交易策略合规性,充分阐述交易行为合理性和正当性,积极举证提出合理怀疑,比如:

1. 基于行业研究、政策倾向作出价值投资;

2. 共同价值投资,与其他资金方共担风险共享收益;

3. 为取得经营控制权、避税等其他经营目的。

(五)违法所得

1. 结合账户盈亏变化情况,对操纵期间灵活辩护:

(1)操纵起点,即操纵行为的发生日,类案中多指交易量(或持仓量)超标的最初交易日,辩护时不可与证券、期货初次交易日等同。

(2)操纵终点,即操纵行为终止、操纵影响消除、行政调查终结或其他适当时点,辩护时应充分考虑操纵行为对股价的滞后性影响,灵活选择适宜的时间点。

2. 主张酌减"非操纵因素"与"合理支出",如扣除行业同期涨跌幅所对应股票价格、基金管理人收取的管理费等。

3. 对实控账户范围进行精准辩护,核对是否存在实控账户认定证据不足、控制时间测算有误等情况。

六、风控建议

（一）事前风险防范要点

1.实施交易风险事前审查

（1）审查交易主体是否具备资金优势、是否占有信息优势，是否实际利用相关优势等。

（2）严格依照法定及公司章程规定的程序进行交易决策，同步完善交易进程的留痕化工作。

（3）以公司长远战略发展为目的开展交易规划，严禁以市值管理之名实施操纵行为，严防虚假申报、拉抬打压、作尾盘、反向交易等伪市值管理手法。

2.增设内部自查监督机制

（1）决策人员应慎重审查签署决策、授权文件，如发现审阅文件存疑，应当在职责范围内及时要求释疑，对于明显虚假或不合理的表述及决策，应当摒弃“法不责众”的心理，客观独立地提出反对意见。

（2）企业可通过邀请证监部门、专业律师等开展企业内部培训，结合公司实务操作及管理制度进行操纵法律风险梳理筛查，整体提高内部风险防控意识。

（二）事后危机处理机制

1.积极应对行政调查处罚程序

（1）收到监管部门行政处罚事先告知书后，应当充分行使陈述、申辩、要求听证的权利，充分准备证据材料、有效阐明申辩要点，如有必要及时寻求专业人士介入。

(2)在国务院证券监督管理机构调查期间,可主张适用当事人承诺制度,及时作出纠正涉嫌违法行为、赔偿损失等承诺,缴纳承诺金,有效遏制企业行政处罚风险扩大。

2. 及时开展自我辩护准备

应及时在专业律师的指导下全面分析案件的性质和量刑标准,由律师协助梳理案件事实,明确核心风险要点,提出合理的无罪或罪轻辩护方案。在面对侦查司法机关时,冷静应对、仔细回顾,审慎作答,确保回复符合实际情况。犯罪嫌疑人亦可在审前阶段通过律师与检察机关沟通,争取适用从轻处罚。

第六章

背信损害上市公司利益罪

一、法律规定

(一)刑法条文

第一百六十九条之一 【背信损害上市公司利益罪】上市公司的董事、监事、高级管理人员违背对公司的忠实义务,利用职务便利,操纵上市公司从事下列行为之一,致使上市公司利益遭受重大损失的,处三年以下有期徒刑或者拘役,并处或者单处罚金;致使上市公司利益遭受特别重大损失的,处三年以上七年以下有期徒刑,并处罚金:

(一)无偿向其他单位或者个人提供资金、商品、服务或者其他资产的;

(二)以明显不公平的条件,提供或者接受资金、商品、服务或者其他资产的;

(三)向明显不具有清偿能力的单位或者个人提供

资金、商品、服务或者其他资产的；

（四）为明显不具有清偿能力的单位或者个人提供担保，或者无正当理由为其他单位或者个人提供担保的；

（五）无正当理由放弃债权、承担债务的；

（六）采用其他方式损害上市公司利益的。

上市公司的控股股东或者实际控制人，指使上市公司董事、监事、高级管理人员实施前款行为的，依照前款的规定处罚。

犯前款罪的上市公司的控股股东或者实际控制人是单位的，对单位判处罚金，并对其直接负责的主管人员和其他直接责任人员，依照第一款的规定处罚。

（二）其他相关规定

《最高人民检察院、公安部关于公安机关管辖的刑事案件立案追诉标准的规定（二）》第十三条

《中华人民共和国公司法》第二十二条、第一百八十一条

二、构成要件

（一）主体要件

本罪的主体为特殊主体，包含两种类型：一是上市公司的董事、监事、高级管理人员，二是上市公司的控股股东或者实际控制人。

高级管理人员，是指公司的经理、副经理、财务负责人，上市公司董事会秘书和公司章程规定的其他人员。

上市公司控股股东，是指其持有的普通股（含表决权恢复的优先股）占公司股本总额50%以上的股东或持有股份的比例虽然不足50%，但依其持

有的股份所享有的表决权已足以对股东大会的决议产生重大影响的股东。

上市公司实际控制人，是指通过投资关系、协议或者其他安排能够实际支配公司行为的主体。

（二）客体要件

本罪侵犯的客体是上市公司及其股东的合法权益和证券市场的管理秩序，意在严厉打击上市公司核心管理层人员严重违反忠实、勤勉义务给上市公司利益造成重大损害的行为。

（三）主观要件

本罪的主观方面只能由故意构成，即行为人系明知自己实施的是背信行为，且明知该行为会对上市公司造成财产损害后果，但希望或者放任这种结果的发生。

（四）客观要件

本罪客观方面表现为上市公司的董事、监事、高级管理人员违背对公司的忠实义务，利用职务便利，通过操纵上市公司从事不正当、不公平的关联交易等非法手段，致使上市公司利益遭受重大损失的行为。《立案追诉标准（二）》在存在兜底条款的前提下，列举了六种背信损害上市公司利益的客观典型行为，具体可参见下文追诉标准。

其中，公司高级管理人员向其他单位或个人挪用单位资金的行为与《刑法》中的挪用资金罪的客观行为极为相似，其区别在于资金的流向不同以及行为的名义不同。挪用资金罪中的行为人是将公司资金以各种方式转移至自己的口袋中，表述为“归个人使用”，而背信罪的行为人往往是将上市公司的资金通过公司的名义，表述为“操纵上市公司”，以损害上市公司的方式转移至第三方的名下。

三、追诉标准

《立案追诉标准(二)》(2022)对背信损害上市公司利益罪基本没有修改,各项行为被立案的直接经济损失数额标准均是一百五十万元以上,只在应予立案追诉的第(六)种情形增加了"存托凭证"。(见表1-6-1)

表1-6-1 背信损害上市公司利益罪追诉标准变化

《立案追诉标准(二)》(2010)	《立案追诉标准(二)》(2022)
……涉嫌下列情形之一的,应予立案追诉: (一)无偿向其他单位或者个人提供资金、商品、服务或者其他资产,致使上市公司直接经济损失数额在一百五十万元以上的; (二)以明显不公平的条件,提供或者接受资金、商品、服务或者其他资产,致使上市公司直接经济损失数额在一百五十万元以上的; (三)向明显不具有清偿能力的单位或者个人提供资金、商品、服务或者其他资产,致使上市公司直接经济损失数额在一百五十万元以上的; (四)为明显不具有清偿能力的单位或者个人提供担保,或者无正当理由为其他单位或者个人提供担保,致使上市公司直接经济损失数额在一百五十万元以上的; (五)无正当理由放弃债权、承担债务,致使上市公司直接经济损失数额在一百五十万元以上的; (六)致使公司发行的股票、公司债券或者国务院依法认定的其他证券被终止上市交易或者多次被暂停上市交易的; (七)其他致使上市公司利益遭受重大损失的情形。	……涉嫌下列情形之一的,应予立案追诉: (六)致使公司、企业发行的股票或者公司、企业债券、存托凭证或者国务院依法认定的其他证券被终止上市交易的; ……

四、量刑标准

本罪量刑区间划分为两档,具体见表1-6-2。

表 1－6－2　背信损害上市公司利益罪量刑标准

犯罪结果	量刑
致使上市公司利益遭受重大损失	三年以下有期徒刑或者拘役,并处或者单处罚金
致使上市公司利益遭受特别重大损失	处三年以上七年以下有期徒刑,并处罚金
注:1. 行为人(上市公司的控股股东或者实际控制人)是单位的,对单位判处罚金,并对其直接负责的主管人员和其他直接责任人员,依照上述量刑规定处罚; 2. 当前对于重大损失和特别重大损失的标准缺少相关规定,实务中量刑轻重与涉案资金实际去向以及退缴金额关联性较强。	

五、辩护要点

(一)客体要件

行为人未违反忠实勤勉义务,不存在利用职务便利侵害上市公司及股东合法权益之情形。

(二)客观方面

本罪量刑追诉之重点在于"损害结果",实践中可以行为人"未对上市公司利益造成实际损害或实际损害未达量刑追诉标准"进行抗辩。具体而言,量刑标准所指"上市公司经济损失数额"仅限于实际发生的直接经济损失,不包括间接经济损失及或然经济损失。

(三)主体要件

本罪的犯罪主体仅限于上市公司的董事、监事或者其他高级管理人员以及上市公司的控股股东或者实际控制人,原则上不及于上市公司子公司的相关人员。当涉案主体同时任职于上市公司及其子公司,需视涉案实际损失是否归属于上市公司、涉案人员是否利用上市公司任职便利之不同情况进行有针对性辩护。

(四)主观方面

客观陈述上市公司决策程序具有合规性,充分阐述交易行为的合理性和正当性,以行为人维护公司利益之主观心态以及决策时行为结果不确定性作为辩护突破点。

六、合规建议

(一)完善重点事项内部决策制度

针对上市公司对外投融资、对外担保、关联交易、重大财产处分等方面的重点事项,企业需在健全决策制度的前提下加强规范管理。严格依照法律及公司章程规定细化相关事项决策审批流程,同步落实集体决策、外部咨询、资金核查等全方位防范措施。

(二)提高重大风险危机处理能力

当内外部重大风险因素变化或风险事件发生时,应及时识别可能蒙受的资产损失、负面影响以及潜在财务报告错报风险,及时履行重大风险事件报告、披露义务。经核查确实存在违法违规事项的,上市公司及涉事人员应积极整改,制定相应的偿还机制,完善合规内控制度,定期公告整改成果。

第七章

擅自发行股票、公司、企业债券罪

一、法律规定

(一)刑法条文

第一百七十九条 【擅自发行股票、公司、企业债券罪】未经国家有关主管部门批准,擅自发行股票或者公司、企业债券,数额巨大、后果严重或者有其他严重情节的,处五年以下有期徒刑或者拘役,并处或者单处非法募集资金金额百分之一以上百分之五以下罚金。

单位犯前款罪的,对单位判处罚金,并对其直接负责的主管人员和其他直接责任人员,处五年以下有期徒刑或者拘役。

(二)其他相关规定

《中华人民共和国证券法》第九条、第一百八十条

《最高人民检察院、公安部关于公安机关管辖的刑

事案件立案追诉标准的规定(二)》第二十九条

《最高人民法院、最高人民检察院、公安部、中国证券监督管理委员会关于整治非法证券活动有关问题的通知》第二条

《企业债券管理条例》第十一条

二、构成要件

(一)主体要件

本罪主体范围为一般主体,单位亦能成为本罪主体。单位犯本罪时,实行双罚制,即既对单位判处罚金,又对其直接负责的主管人员和其他直接责任人员判处相应的刑罚。

(二)客体要件

本罪的客体为复杂客体,包括国家对证券市场的管理制度以及投资者和债权人的合法权益。股票和债券发行均系具有集资性质的行为,对象涉及范围较广,资金量涉及较大,对投资者来说具有一定的风险性。根据《公司法》《证券法》《企业债券管理条例》等相关规定,股票发行和债券发行均需符合特定的发行条件,且经过法定机构的审核,这是国家通过证券监管手段将投资者可能面临的风险限定在市场波动的风险范围内,而本罪行为则是直接排除国家对发行行为的监管可能性,严重侵犯投资者、债权人的合法权益。

(三)主观要件

本罪的主观方面只能由故意构成,即当事人存在明知自己的发行行为未经过审批,仍对外发行的情况。对于当事人认为自己主观上是否属于公

开发行存在误解的情况,实践中通常会结合涉案整体客观事实对当事人的认识可能性进行判断。

(四)客观要件

本罪的客观行为体现为:未经国家有关主管部门的批准,擅自发行股票、公司、企业债券,数额巨大、造成严重后果或者有其他严重情节。

1. 擅自发行

本罪涉案行为必须为发行行为,即向社会不特定对象发行、以转让股权等方式变相发行股票或者公司、企业债券,或者向特定对象发行、变相发行股票或者公司、企业债券累计超过200 人的行为。对于看似发行,实际为公司间拆借的行为不以本罪论处。

同时,涉案发行行为需符合以下两个特征:一是该发行行为未经过国家有关主管部门批准;二是该发行行为系已经发生的,即该发行行为已经对外作出,对于正在准备但是尚未发行的情况,不构成本罪。存在前述发行行为的公司,即便其本身符合法律规定的股票、债券发行条件,仍构成本罪。

2. 本罪与非法集资的区别

表1-7-1　擅自发行股票、公司、企业债券罪与非法集资罪的区别

<table>
<tr><th colspan="2">要件</th><th>擅自发行股票、公司、企业债券罪</th><th>非法吸收公众存款罪</th><th>集资诈骗罪</th></tr>
<tr><td colspan="2">主体</td><td colspan="3">一般主体</td></tr>
<tr><td colspan="2">客体</td><td colspan="3">国家金融管理秩序、投资者或债权人利益</td></tr>
<tr><td rowspan="5">客观</td><td>非法性</td><td>违反证券相关规定</td><td colspan="2">违反金融管理相关规定</td></tr>
<tr><td>公开性</td><td>√</td><td>√</td><td>√</td></tr>
<tr><td>社会性</td><td>√(含义不同)</td><td>√</td><td>√</td></tr>
<tr><td>利诱性</td><td>—</td><td>√</td><td>√</td></tr>
<tr><td>非法占有目的</td><td>—</td><td>×</td><td>√</td></tr>
</table>

续表

要件	擅自发行股票、公司、企业债券罪	非法吸收公众存款罪	集资诈骗罪
主观	故意	故意	故意
量刑	一档量刑 最高五年以下	三档量刑 最高十年以上	两档量刑 最高无期徒刑

三、追诉标准

《立案追诉标准(二)》(2022)对于本罪的追诉标准作出了较大的调整,见表1-7-2。

表1-7-2　擅自发行股票、公司、企业债券罪

《立案追诉标准(二)》(2010)	《立案追诉标准(二)》(2022)
发行数额在五十万元以上的	**非法募集资金金额在一百万元以上的**
虽未达到上述数额标准,但擅自发行致使三十人以上的投资者购买了股票或者公司、企业债券的	造成投资者**直接经济损失数额累计在五十万元以上的**
不能及时清偿或者清退的	募集的资金全部或者主要用于**违法犯罪活动的**
其他后果严重或者有其他严重情节的情形	其他后果严重或者有其他严重情节的情形

1.《立案追诉标准(二)》(2022)调整了金额判断的标准,从发行数额转变表述为非法募集资金数额,并调高了该金额定罪的门槛。另外,还新增涉及投资者直接经济损失的金额标准。

2.新增"募集的资金全部或者主要用于违法犯罪活动"可入罪的规定,与欺诈发行证券罪保持一致。

3.明确规定:本条规定的"擅自发行股票或者公司、企业债券",是指向社会不特定对象发行、以转让股权等方式变相发行股票或者公司、企业债券,或者向特定对象发行、变相发行股票或者公司、企业债券累计超过 200 人的行为。相应删除了原追诉标准中关于“虽未达到上述数额标准,但擅自发行致使三十人以上的投资者购买了股票或者公司、企业债券的”应予立案追诉的规定。

四、量刑标准

本罪在《刑法修正案(十一)》前后未作调整,仍为一档量刑,即五年以下有期徒刑。此外,擅自发行的股票、公司、企业债券的行为必须达到情节严重的程度,才能构成犯罪。如果情节较轻,不宜作为本罪来认定和处理(见表 1 –7 –3)。

表 1 –7 –3 擅自发行股票、公司、企业债券罪量刑标准

《刑法修正案(十一)》前	《刑法修正案(十一)》后
单位犯前款罪的,对单位判处罚金,并对其直接负责的主管人员和其他直接责任人员,处五年以下有期徒刑或者拘役。	单位犯前款罪的,对单位判处罚金,并对其直接负责的主管人员和其他直接责任人员,处五年以下有期徒刑或者拘役。

五、辩护要点

(一)客观方面

1. 行为人的行为并非发行行为,不存在公开性或社会性,未公开发行也没有超过 200 人。

2. 行为人的行为尚未达到情节严重的程度,即非法募集资金金额未达 100 万元、造成投资者损失未达 50 万元或募集来的资金未用于违法犯罪活动,涉案行为应当交由行政机关处理。

(二)主观方面

行为人不具有犯罪的主观故意,仅是对股权转让行为的认识错误。

六、合规建设意见

公司应当仔细辨别一般股权转让和发行股票、债券之间的区别。特别是对于口口相传的情形,公司通过员工或股东以电话、面谈等方式邀请亲友,又经过亲友对外宣传的,在司法实践中普遍被认定为公开宣传。公司在发行新股时应当明确限定信息获取人员,且明确信息获取人员的资质,避免在融资宣传的过程中存在公开性或社会性。此外,公司应当明确限定资金获取后的使用途径,避免因使用途径发生变化,被认定为具有非法占有目的。

对于已被公安机关调查立案的情况,公司应当及时应对处理,积极向司法机关提供公司募资的资质证明、款项正常用于经营的证明等材料,并及时退还相关款项。

第八章

编造并传播证券、期货交易虚假信息罪

一、法律规定

(一)刑法条文

第一百八十一条 【编造并传播证券、期货交易虚假信息罪】编造并且传播影响证券、期货交易的虚假信息,扰乱证券、期货交易市场,造成严重后果的,处五年以下有期徒刑或者拘役,并处或者单处一万元以上十万元以下罚金。

单位犯前两款罪的,对单位判处罚金,并对其直接负责的主管人员和其他直接责任人员,处五年以下有期徒刑或者拘役。

(二)其他相关规定

《中华人民共和国证券法》第五十六条、第一百九十三条

《最高人民检察院、公安部关于公安机关管辖的刑事案件立案追诉标准的规定(二)》第三十二条

《全国人民代表大会常务委员会关于维护互联网安全的决定》第三条第四款

《期货交易管理条例》第三十九条

二、构成要件

(一)主体要件

本罪的主体为一般主体,自然人和单位均可构成本罪主体。

(二)客体要件

本罪的客体为复杂客体,包括国家对证券、期货交易的管理制度和投资者的合法权益。

(三)主观要件

本罪的主观方面只能由故意构成,并且以扰乱证券和期货交易市场为目的,过失不构成本罪。本罪要求行为人明知编造并且传播影响证券、期货交易的虚假信息,会扰乱证券、期货交易市场秩序,仍实施该行为,并希望危害结果出现。

(四)客观要件

本罪的客观方面表现为编造并且传播影响证券、期货交易的虚假信息,影响证券和期货交易市场,造成严重后果的行为。

1. 关于“编造并传播”的认定

所谓编造,是指无中生有地捏造、胡编乱造,其结果必须是产生虚假的,即与事实不相符、不真实、不全面的消息。具体可以分为两种类型:

第一,完全无中生有、凭空捏造的证券、期货交易信息,即对根本不存在的事实或根本没有发生过的事实进行凭空捏造,使公众认为是客观存在的或已经发生的事实。

第二,对已有事实进行不当的加工、篡改和歪曲。这里要区分编造行为与预测行为。分析预测行为是证券、期货交易中的常见行为。行为人利用自己的专业知识与从业经验,根据现存的公开事实材料,对市场价格的未来走向作出分析预判,即便此后行为人的分析预判同市场的实际走向有所偏差,也不宜认定为编造行为。

所谓传播,是指以各种途径加以宣传、散布或误导。既可以是口头的,也可以是书面的,还可以利用录音、录像等现代化科学技术的手段。

传播的范围具有一定的社会性。既可以单个传播,又可以当众传播。传播的结果是使虚假信息处于公众知悉或可能知悉的状态。如果行为人自以为实施了传播行为,但公众并不能因此而知悉其所传播的虚假信息,便不能认为行为人实施了传播虚假信息的行为。

此处需要注意的是,编造者和传播者并不必然为同一人,如果编造者有意教唆他人进行传播或将传播者作为“犯罪工具”,则编造者仍构成本罪;如果编造者和传播者具有共同犯意,即便两人系分工操作,仍构成本罪共犯。

2. 关于“虚假信息”的认定

“虚假信息”,是指凭空捏造的、歪曲事实的或者有误导性的,能够引起市场行情变化的信息,如引起价格上涨或者下跌、大量抛售或者吸纳等。本罪构成要求行为人必须既具有编造又具有传播影响证券、期货交易的虚假信息的行为。至于行为人是否从中牟利,不影响此罪的构成。如果行为人只编造而没有传播，或者道听途说散布给他人，不能以本罪论处。行为人编造、传播的必须是能够影响证券、期货交易的虚假信息，如果该虚假信息对证券、期货交易无影响，也不构成此罪。有别于内幕交易和违规披露等犯罪对构罪信息的重大性要求，本罪对于行为人编造的信息是否必须具有重大性未有明确要求，仅将信息对市场和个股的价值影响作为评价是否构成本罪的标准（见图1－8－1）。

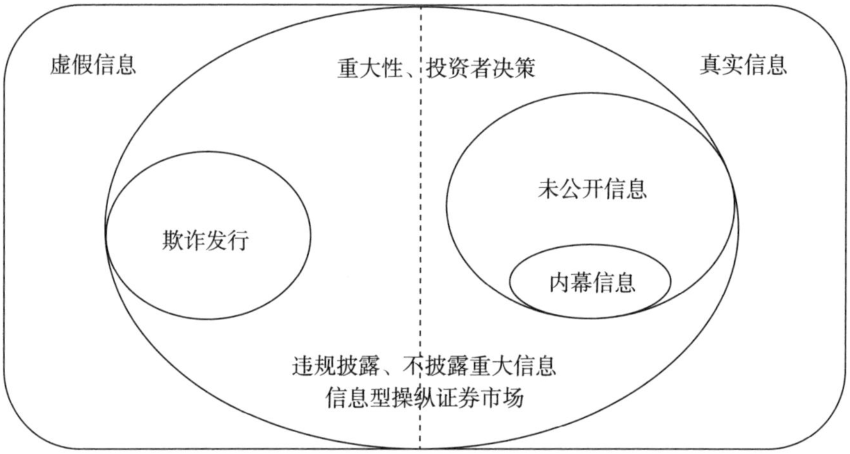

图1－8－1　不同违法行为中信息的认定

3. 关于“造成严重后果”的认定

扰乱证券、期货交易市场，以造成严重的危害后果为必要。如果没有扰乱证券、期货交易市场，未造成实际危害后果或虽然扰乱了证券、期货交易市场，造成了实际危害后果但不属于严重的后果，则不能构成本罪。

所谓“造成严重后果”，主要是指因行为人的行为造成了证券、期货价格强烈波动，或者在投资者中引起了恐慌，引发大量抛售或购买证券、期货合约，或者给投资者造成了重大的经济损失，或者造成了恶劣的社会影响，等等。

三、追诉标准

《立案追诉标准(二)》(2022)将立案追诉标准的直接经济损失改为五十万元以上。(见表1-8-1)

表1-8-1　编造并传播证券、期货交易虚假信息罪追诉标准变化

《立案追诉标准(二)》(2010)	《立案追诉标准(二)》(2022)
获利或者避免损失数额累计在五万元以上的	获利或者避免损失数额累计在五万元以上的
造成投资者直接经济损失数额在五万元以上的	造成投资者直接经济损失数额在五十万元以上的
虽未达到上述数额标准,但多次编造并且传播影响证券、期货交易的虚假信息的	虽未达到上述数额标准,但多次编造并且传播影响证券、期货交易的虚假信息的
致使交易价格和交易量异常波动的	致使交易价格和交易量异常波动的
其他造成严重后果的情形	其他造成严重后果的情形

四、量刑标准

表1-8-2　编造并传播证券、期货交易虚假信息罪量刑标准

《刑法修正案(十一)》前	《刑法修正案(十一)》后
编造并且传播影响证券交易的虚假信息,扰乱证券交易市场,造成严重后果的,处五年以下有期徒刑或者拘役,并处或者单处一万元以上十万元以下罚金。 单位犯前两款罪的,对单位判处罚金,并对其直接负责的主管人员和其他直接责任人员,处五年以下有期徒刑或者拘役。	编造并且传播影响证券、**期货**交易的虚假信息,扰乱证券、**期货**交易市场,造成严重后果的,处五年以下有期徒刑或者拘役,并处或者单处一万元以上十万元以下罚金。 单位犯前两款罪的,对单位判处罚金,并对其直接负责的主管人员和其他直接责任人员,处五年以下有期徒刑或者拘役。

五、辩护要点

（一）客体要件

行为人仅存在编造或传播行为，且传播行为中对信息并未进行篡改。本罪在客观方面表现为编造并且传播。编造、传播行为必须同时成立才能构成本罪。否则，虽然编造了虚假的信息但没有加以传播，或者虽然传播了虚假信息但此信息不是自己所编造，如道听途说后又散布给他人的，就不应当构成本罪。

（二）客观方面

行为人虽编造并传播了虚假信息，但并未给市场造成任何影响，不应当构成本罪。本罪是结果犯，构成本罪以对证券、期货交易市场造成了严重的危害后果为必要。如果没有扰乱证券、期货交易市场，未造成实际危害后果或虽然扰乱了证券、期货交易市场，造成了实际危害后果但不属于严重的后果，亦不能构成本罪。

（三）主观方面

行为人不知信息为虚假而传播或行为人传播的信息仅为其根据市场波动预测的信息，而非故意捏造的信息。本罪主观上必须为故意，行为人仅存在过失的，不应当构成本罪。

六、合规建设意见

(一)建立完善制度、风控基础

公司应当制定完善的信息发布细则,对证券、期货交易可能产生严重影响的“虚假信息”明确定义,规范信息发布审批流程,完善发布虚假信息的追责机制。此外,公司应当建立信息披露合规部门或设立信息披露官,规范信息披露及发布流程,对于即将公开发布的信息进行严格审核,禁止发布可能对证券、期货交易市场产生严重影响的“虚假信息”。

(二)加强信息发布监测

一方面,公司应当加强监控公司本身对外发布信息的渠道,包括公司股东、董事、监事、高级管理人员等人员的信息发布;另一方面,公司应当设置与公司本身相关的关键词监控,避免内部人员未经公司信息发布流程,发布与公司相关的不实信息,给公司本身造成损失或产生行政、刑事风控上的影响。

(三)健全危机应对措施

公司在监测信息发布时,一旦发现发布“虚假信息”行为,应当立即开展补救措施,如撤回相关信息,发布信息补正声明等,尽可能减少信息对市场和投资者产生的影响,根据本罪的构成要件可知,即便信息已经发布,未造成严重后果的,仍不涉及刑事风险,公司的及时有效应对是避免刑事风险的关键。

第九章

诱骗投资者买卖证券、期货合约罪

一、法律规定

（一）刑法条文

第一百八十一条 【诱骗投资者买卖证券、期货合约罪】证券交易所、期货交易所、证券公司、期货经纪公司的从业人员，证券业协会、期货业协会或者证券期货监督管理部门的工作人员，故意提供虚假信息或者伪造、变造、销毁交易记录，诱骗投资者买卖证券、期货合约，造成严重后果的，处五年以下有期徒刑或者拘役，并处或者单处一万元以上十万元以下罚金；情节特别恶劣的，处五年以上十年以下有期徒刑，并处二万元以上二十万元以下罚金。

单位犯前款罪的，对单位判处罚金，并对其直接负责的主管人员和其他直接责任人员，处五年以下有期徒刑或者拘役。

（二）其他相关规定

《中华人民共和国证券法》第二十九条、第一百八十四条

《最高人民检察院、公安部关于公安机关管辖的刑事案件立案追诉标准的规定（二）》第三十三条

《期货交易管理条例》第二十六条

二、构成要件

（一）主体要件

本罪的主体为特殊主体，即证券交易所、期货交易所、证券公司、期货经纪公司的从业人员，证券业协会、期货业协会或者证券期货监督管理部门的工作人员，其他人不能单独构成此罪的主体。

（二）客体要件

本罪所侵害的客体是复杂客体，包括证券、期货市场正常的交易管理秩序和其他投资者的利益。

（三）主观要件

本罪在主观方面要求必须出于故意，即明知为虚假信息而故意提供或者明知是证券、期货交易记录仍决意伪造、变造或者销毁，并且具有诱骗投资者买卖证券、期货合约的目的。过失不能构成本罪。据此，司法实践中，预测错误并不以本罪论处。

（四）客观要件

本罪在客观方面表现为故意提供虚假信息或者伪造、变造、销毁交易

记录,诱骗投资者买卖证券、期货合约,造成严重后果的行为。

1. 提供,是指将虚假的有关证券发行,证券、期货交易的虚假信息故意传播或扩散,包括口头提供和书面提供。所提供虚假信息的来源,既可以是自己编造的,又可以是他人编造的,来源如何不会影响诱骗投资者买卖证券、期货合约罪成立。

2. 伪造,是指按照证券、期货交易记录的特征包括形式特征,如式样、格式、形状等内容特征,采用印刷、复印、描绘、拓印、石印等各种方法,制作假交易记录冒充真实交易记录的行为。

3. 变造,是指在真实交易记录的基础上,通过涂改、剪接、挖补、拼凑等加工方法,从而使原交易记录改变其内容的行为。

4. 销毁,是指将证券、期货交易记录采用诸如撕裂、火烧、水浸、丢弃等各种方法予以毁灭。

5. 诱骗,是指采取提供虚假的信息或将交易记录加以销毁的方式,以对投资者进行欺骗、引诱、误导,从而骗取投资者信任使投资者买卖证券、期货合约的行为。

6. 严重后果,主要是指造成重大经济损失,造成证券、期货市场秩序严重混乱等。诱骗投资者买卖证券、期货合约罪属于结果犯,即行为人所实施的行为必须造成了严重的后果,才构成本罪。否则,即使行为人实施了前述行为,也只能按一般违法行为处理,依据情况追究民事责任或行政责任。

7. 本罪与编造并传播证券、期货交易虚假信息罪的区别。

诱骗投资者买卖证券、期货合约罪与编造并传播证券、期货交易虚假信息罪都包含着提供虚假信息的内容,同时都有可能诱使相关投资者在不知真相的情况下进行证券、期货交易,从而遭受经济损失,两罪的区别见表1-9-1。

表1-9-1　诱骗投资者买卖证券、期货合约罪与编造并传播证券、期货交易虚假信息罪的区别

要件	诱骗投资者买卖证券、期货合约罪	编造并传播证券、期货交易虚假信息罪
主体	特殊主体	一般主体
主观方面	故意,诱骗他人交易之故意	故意、传播信息之故意
行为模式	1. 故意提供虚假信息;伪造、变造、销毁交易记录 2. 诱骗投资者买卖 3. 造成严重后果	1. 编造并传播虚假信息 2. 扰乱证券市场、造成严重后果
行为对象	一般是证券投资者	证券市场中对任何人员
虚假信息	自己编造或从他处获得	仅自己编造
两罪竞合	证券交易所、期货交易所的从业人员编造并且传播虚假信息,诱骗投资者买卖证券、期货合约,结果扰乱了证券、期货市场,产生了严重后果的,依据特别法优于普通法的原则,该行为宜定为诱骗投资者买卖证券、期货合约罪。	

三、追诉标准

《立案追诉标准(二)》(2022)上调了投资者直接经济损失的金额,增加了多次诱骗投资者的入罪标准,见表1-9-2。

表1-9-2　诱骗投资者买卖证券、期货合约罪追诉标准

《立案追诉标准(二)》(2010)	《立案追诉标准(二)》(2022)
获利或者避免损失数额累计在五万元以上	获利或者避免损失数额累计在五万元以上
造成投资者直接经济损失数额在五万元以上	造成投资者直接经济损失数额在**五十万**元以上
—	**虽未达到上述数额标准,但多次诱骗投资者买卖证券、期货合约**

续表

《立案追诉标准(二)》(2010)	《立案追诉标准(二)》(2022)
致使交易价格和交易量异常波动的	致使交易价格和交易量异常波动的
其他造成严重后果的情形	其他造成严重后果的情形

四、量刑标准

表1－9－3　诱骗投资者买卖证券、期货合约罪量刑标准

《刑法修正案(十一)》前	《刑法修正案(十一)》后
证券交易所、证券公司的从业人员,证券业协会或者证券管理部门的工作人员,故意提供虚假信息或者伪造、变造、销毁交易记录,诱骗投资者买卖证券,造成严重后果的,处五年以下有期徒刑或者拘役,并处或者单处一万元以上十万元以下罚金;情节特别恶劣的,处五年以上十年以下有期徒刑。并处二万元以上二十万元以下罚金。 单位犯前两款罪的,对单位判处罚金,并对其直接负责的主管人员和其他直接责任人员,处五年以下有期徒刑或者拘役。	证券交易所、**期货交易所、证券公司、期货经纪公司的从业人员,证券业协会、期货业协会或者证券期货监督管理部门的工作人员**,故意提供虚假信息或者伪造、变造,销毁交易记录,**诱骗投资者买卖证券、期货合约**,造成严重后果的,处五年以下有期徒刑或者拘役,并处或者单处一万元以上十万元以下罚金;情节特别恶劣的,处五年以上十年以下有期徒刑,并处二万元以上二十万元以下罚金。 单位犯前两款罪的,对单位判处罚金,并对其直接负责的主管人员和其他直接责任人员,处五年以下有期徒刑或者拘役。

五、辩护要点

(一)客观方面

构成本罪必须是故意提供虚假信息或者伪造、变造、销毁交易记录,诱骗投资者买卖证券、期货合约,造成严重后果的行为,行为人没有造成严重后果,不构成本罪。

(二)主体要件

本罪的主体是具有一定身份的特殊主体,即只能是证券交易所、期货交易所、证券公司或期货经纪公司的从业人员,证券业协会或者期货业协会及其管理部门的工作人员,行为人非上述人员、单位,不构成本罪。

(三)主观方面

行为人在履行职务过程中不具有犯罪的主观故意,不构成本罪。在实践中,有些证券从业部门举办的各种证券讲座,其中对证券市场预测往往会出现一定失误,即预测错误。如果因此使投资者买卖证券,并且造成一定损失,不能以本罪论处。

六、合规建议

相关机构应当完善管理制度,建立质量导向的业绩评价、薪酬和晋升机制,严格审查从业人员对外宣传的资料、方式;设计及时有效的客户反馈机制,针对可能存在诱骗情况的从业情况应及时制止,并建立合理有效的客户赔偿机制及应对措施,有效预防和处置证券交易异常情况;充分重视监管部门对机构的日常检查和初步调查,在面对行政调查、民事诉讼或者刑事调查时,及时委托专业人员进行协助和应对。

第十章

提供虚假证明文件罪、出具证明文件重大失实罪

一、法律规定

(一)刑法条文

第二百二十九条　【提供虚假证明文件罪】承担资产评估、验资、验证、会计、审计、法律服务、保荐、安全评价、环境影响评价、环境监测等职责的中介组织的人员故意提供虚假证明文件,情节严重的,处五年以下有期徒刑或者拘役,并处罚金;有下列情形之一的,处五年以上十年以下有期徒刑,并处罚金:

(一)提供与证券发行相关的虚假的资产评估、会计、审计、法律服务、保荐等证明文件,情节特别严重的;

(二)提供与重大资产交易相关的虚假的资产评估、会计、审计等证明文件,情节特别严重的;

(三)在涉及公共安全的重大工程、项目中提供虚假的安全评价、环境影响评价等证明文件,致使公共财产、

国家和人民利益遭受特别重大损失的。

有前款行为,同时索取他人财物或者非法收受他人财物构成犯罪的,依照处罚较重的规定定罪处罚。

【出具证明文件重大失实罪】第一款规定的人员,严重不负责任,出具的证明文件有重大失实,造成严重后果的,处三年以下有期徒刑或者拘役,并处或者单处罚金。

(二)其他相关规定

《中华人民共和国证券法》第十九条

《最高人民检察院、公安部关于公安机关管辖的刑事案件立案追诉标准的规定(二)》第七十三条、第七十四条

《中华人民共和国注册会计师法》第二十条、第二十一条、第三十九条

二、构成要件

(一)主体要件

本罪的主体包括自然人和单位,即中介组织及其工作人员是公务员编制还是事业编制,抑或非事业编制,都不是本罪的构成要件,只要其是从事资产评估、验资、验证、会计、审计、法律服务等职责的人员,就符合本罪主体特征。例如,司法局下属公证处的公证员(事业编制)或评估人员符合提供虚假证明文件罪的犯罪主体。

《刑法修正案(十一)》在原列举的中介机构人员的基础上,将承担保荐、安全评估、环境影响评价、环境监测四类职责的中介组织人员纳入本罪的犯罪主体,进一步扩大了本罪的主体范围,并将中介机构的法律责任不断压严压实,敦促各方中介机构切实履行好市场"看门人"的职责。

（二）客体要件

本罪侵害的客体有不同的观点：观点一认为是国家的工商管理制度；观点二认为是国家对中介组织人员的管理秩序。

（三）主观要件

中介组织人员犯罪本质上是违反客观、专业、尽职的从业职责，因主观恶性程度不同可区分为故意犯罪（提供虚假证明罪）和过失犯罪（出具证明文件重大失实罪）。

（四）客观要件

提供虚假证明文件罪与出具证明文件重大失实罪，两罪的客观行为相似，均表现为出具不符合实际的证明文件，区别的关键点在于中介组织人员的主观犯意是故意还是过失，实践中在适用罪名时存在区分度不够精确的现象。

1. 提供虚假证明文件

证明文件，在这里是指资产评估报告、验资证明、验证证明、审计报告、环评报告、安评报告等中介证明。虚假的证明文件，是指上述证明文件的内容不符合事实，或杜撰、编造、虚构了事实，或隐瞒事实真相。

2. 提供虚假证明文件罪、出具证明文件重大失实罪与欺诈发行证券罪的界限

在发行证券过程中，第三方（会计师事务所）提供虚假文件（审计报告）依据具体犯罪情况的不同，可以构成三种罪名，分别为欺诈发行证券罪（故意犯罪）、提供虚假证明文件罪（故意犯罪）、出具证明文件重大失实罪（过失犯罪）。中介机构是否构成欺诈发行证券罪，关键在于主观上是否与欺诈发行单位有犯意联络。（见表 1－10－1）

表1－10－1　提供虚假证明文件罪、出具证明文件重大失实罪与欺诈发行证券罪的界限

罪名	主体	主观	刑期
欺诈发行证券罪	一般主体	故意	5年以下有期徒刑或者拘役 5年以上有期徒刑
	单位犯罪		
提供虚假证明文件罪	中介组织的人员	故意	5年以下有期徒刑或者拘役 5年以上10年以下有期徒刑
	单位犯罪		
出具证明文件重大失实罪	中介组织的人员	过失	3年以下有期徒刑或者拘役
	单位犯罪		

3.提供虚假证明文件罪、出具证明文件重大失实罪与违规披露、不披露重要信息罪的界限

如果有关公司、企业与本罪规定的中介服务机构人员串通，由中介人员提供虚假的证明文件，而后公司、企业又根据该证明文件向股东和社会公众提供虚假财会报告或者披露虚假信息的，应当如何处理？实践中有两种观点。观点一认为，此时有关公司、企业和中介组织人员构成共同犯罪，但鉴于立法已经专门规定了提供虚假证明文件罪，根据特别法优先原则，对负有信息披露义务的中介组织人员应当以提供虚假证明文件罪定罪，而对负有信息披露义务的公司、企业的相关责任人员应当以违规披露、不披露重要信息罪论处。

观点二认为，如果构成共犯，则对中介组织人员以违规披露、不披露重要信息罪定罪，若不构成共犯，则对中介组织人员以提供虚假证明文件罪定罪。

表1－10－2　提供虚假证明文件罪、出具证明文件重大失实罪与违规披露、不披露重要信息罪的界限

构成要件	提供虚假证明文件罪	出具证明文件重大失实罪	违规披露、不披露重要信息罪
主体	承担资产评估、验资、验证、会计、审计、法律服务、保荐、安全评价、环境影响评价、环境监测等职责的中介组织的人员		依法负有信息披露义务的公司、企业
客体	市场管理秩序		对公司、企业的管理秩序；投资者利益

续表

构成要件		提供虚假证明文件罪	出具证明文件重大失实罪	违规披露、不披露重要信息罪
客观	行为	出具虚假证明文件		提供虚假材料、隐瞒重要事实、不按规定披露重要事实
	结果	情节 + 结果	结果	情节 + 结果
主观		故意	过失	故意
量刑		5 年以下 5 ~ 10 年	3 年以下	5 年以下 5 ~ 10 年

三、追诉标准

《立案追诉标准(二)》(2022)删除了原“索取或非法接受他人财物”情节，现本罪的追诉标准见表 1 – 10 – 3。

表 1 – 10 – 3　提供虚假证明文件罪、出具证明文件重大失实罪追诉标准变化

《立案追诉标准(二)》(2010)	《立案追诉标准(二)》(2022)
第八十一条　承担资产评估、验资、验证、会计、审计、法律服务等职责的中介组织的人员故意提供虚假证明文件，涉嫌下列情形之一的，应予立案追诉： (一)给国家、公众或者其他投资者造成直接经济损失数额在五十万元以上的； (二)违法所得数额在十万元以上的； (三)虚假证明文件虚构数额在一百万元且占实际数额百分之三十以上的； ~~(四)虽未达到上述数额标准，但具有下列情形之一的：~~ ~~1. 在提供虚假证明文件过程中索取或者非法接受他人财物的；~~ ~~2. 两年内因提供虚假证明文件，受过行政处罚二次以上，又提供虚假证明文件的。~~ (五)其他情节严重的情形。	第七十三条　承担资产评估、验资、验证、会计、审计、法律服务、**保荐、安全评价、环境影响评价、环境监测**等职责的中介组织的人员故意提供虚假证明文件，涉嫌下列情形之一的，应予立案追诉： (一)给国家、公众或者其他投资者造成直接经济损失数额在五十万元以上的； (二)违法所得数额在十万元以上的； (三)虚假证明文件虚构数额在一百万元以上且占实际数额百分之三十以上的； **(四)虽未达到上述数额标准，但二年内因提供虚假证明文件受过二次以上行政处罚，又提供虚假证明文件的；** (五)其他情节严重的情形。

续表

《立案追诉标准(二)》(2010)	《立案追诉标准(二)》(2022)
第八十二条　承担资产评估、验资、验证、会计、审计、法律服务等职责的中介组织的人员严重不负责任,出具的证明文件有重大失实,涉嫌下列情形之一的,应予立案追诉: (一)给国家、公众或者其他投资者造成直接经济损失数额在一百万元以上的; (二)其他造成严重后果的情形。	第七十四条　承担资产评估、验资、验证、会计、审计、法律服务、**保荐、安全评价、环境影响评价、环境监测**等职责的中介组织的人员严重不负责任,出具的证明文件有重大失实,涉嫌下列情形之一的,应予立案追诉: (一)给国家、公众或者其他投资者造成直接经济损失数额在一百万元以上的; (二)其他造成严重后果的情形。

四、量刑标准

本罪在《刑法修正案(十一)》的修改主要针对故意犯罪即提供虚假证明文件罪,增加了5年以上10年以下的量刑区间,明确三大特殊情形,但是对于"情节特别严重"暂无明确规定。(见表1-10-4)

表1-10-4　提供虚假证明文件罪、出具证明文件重大失实罪量刑标准

《刑法修正案(十一)》前	《刑法修正案(十一)》后
第二百二十九条　承担资产评估、验资、验证、会计、审计、法律服务等职责的中介组织的人员故意提供虚假证明文件,情节严重的,处五年以下有期徒刑或者拘役,并处罚金。 前款规定的人员,**索取他人财物或者非法收受他人财物,犯前款罪的,处五年以上十年以下有期徒刑,并处罚金。**	第二百二十九条　承担资产评估、验资、验证、会计、审计、法律服务、**保荐、安全评价、环境影响评价、环境监测**等职责的中介组织的人员故意提供虚假证明文件,情节严重的,处五年以下有期徒刑或者拘役,并处罚金;**有下列情形之一的,处五年以上十年以下有期徒刑,并处罚金:** **(一)提供与证券发行相关的虚假的资产评估、会计、审计、法律服务、保荐等证明文件,情节特别严重的;** **(二)提供与重大资产交易相关的虚假的资产评估、会计、审计等证明文件,情节特别严重的;** (三)在涉及公共安全的重大工程、项目中提供虚假的安全评价、环境影响评价等证明文件,致使公共财产、国家和人民利益遭受特别重大损失的。 **有前款行为,同时索取他人财物或者非法收受他人财物构成犯罪的,依照处罚较重的规定定罪处罚。**

续表

《刑法修正案(十一)》前	《刑法修正案(十一)》后
第二百二十九条 【出具证明文件重大失实罪】第一款规定的人员,严重不负责任,出具的证明文件有重大失实,造成严重后果的,处三年以下有期徒刑或者拘役,并处或者单处罚金。	第二百二十九条 【出具证明文件重大失实罪】第一款规定的人员,严重不负责任,出具的证明文件有重大失实,造成严重后果的,处三年以下有期徒刑或者拘役,并处或者单处罚金。

五、辩护要点

(一)主体

本罪的主体是具有一定身份的特殊主体,即承担资产评估、验资、验证、会计、审计、法律服务、保荐、安全评价、环境影响评价、环境监测等职责的中介组织的人员。一般而言构成两罪名的主体需要具备“特定身份”,实践中存在并不要求人员具备行政法规要求的相关从业资格的情况,即只要客观上具备该“特定身份”并实施相关违法行为,就可能被认定为本罪的主体,但从案件处理角度仍可把握对这种特殊身份的实质认定。

(二)主观方面

两罪的客观行为相似,均表现为出具不符合实际的证明文件,区别的关键点在于中介组织人员的主观犯意是故意还是过失,实践中在适用此罪或彼罪时存在区分度不够精确的现象。我们认为:

1. 明知委托事项与客观事实不符,为营利目的仍然提供虚假证明文件的,以提供虚假证明文件罪论处。

2. 对怠于履职,放松要求,不负责任,因而出具重大失实的证明文件造成严重后果的,以出具证明文件重大失实罪论处。

实务中从以下情形出发准确证明行为人的主观心态:

1. 有客观证据充分证明中介组织人员明确知晓所提供的材料系伪造、变造，仍然据此出具相关证明文件的，应认定其系故意提供虚假证明文件，如材料造假痕迹明显，以职业常识不可能不能辨别；多次为同一对象提供虚假证明文件，且无合理理由解释；等等。

2. 有客观证据充分证明在制作证明文书的过程中，中介组织人员知晓交易人员之间有关虚假交易的对话交流内容，或者虚假交易人、被害人明确指证中介组织人员明确知晓交易虚假，且中介组织人员无合理辩解的，应认定为故意提供虚假证明文件。

3. 除上述两种情形外，在案证据存在疑点或者矛盾，无法排除中介组织人员是在不知情的情况下不慎出具失实证明文件的，应认定系出具证明文件重大失实。

六、合规建设意见

近年来，证监会不断加强证券市场基础制度建设，强化中介机构监管。但是在日常监管、现场检查，特别是在有关证券违约风险处置中，部分中介机构在合规管理、尽职履责、风险防控方面依然存在短板。各类中介机构是资本市场投融资活动的重要参与主体，在证券市场中，中介机构应当通过勤勉、审慎、专业的核查工作，提供证券承销、尽职调查、审计、法律服务、信用评级等专业服务；提升信息披露质量，防范各类证券欺诈，发挥证券市场直接融资配置资源作用；保障证券发行人、投资人合法权益。

下篇

私募行业风险管控

第一章

私募行业刑事法律风险概况

一、私募基金从业人员涉刑案件大数据分析

目前,我国私募管理机构数量众多,私募基金产品不仅种类纷杂,数量也呈现逐年提升趋势。截至 2024 年 7 月,管理基金的数量已达 150,543 只(见图 2－1－1),管理规模持续超 19.69 万亿元。私募基金行业在快速发展的同时,也伴生各种乱象,包括公开或者变相公开募集资金、规避合格投资者要求、不履行登记备案义务以及错综复杂的集团化运作、资金池运作、利益输送、自融自担等。

2019 年 5 月,公安部曾指出当下私募基金领域突出的经济犯罪有四类:

第一类,私募机构打着“私募基金”的幌子,实际从事非法集资犯罪活动。

第二类,私募机构突破私募基金行业最重要的合格投资者底线,采用公开宣传的方式,从事非法集资犯罪活动。

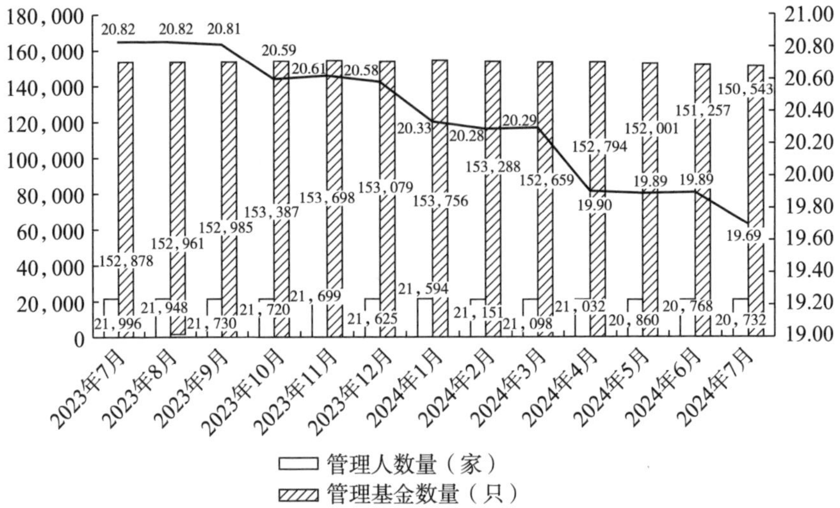

图 2－1－1　私募基金发展情况

第三类，私募机构不按照合同约定运作基金，甚至虚构投资项目或者操纵成立空壳公司转移侵吞基金资产和投资人募集款，实施合同诈骗、挪用资金或者职务侵占等犯罪。

第四类，私募机构及从业人员违反法律规定，实施内幕交易和操纵市场等犯罪。

二、私募基金行业犯罪监管态势

私募基金领域犯罪乱象已引起各方重视，监管部门对私募基金违法违规呈现持续严厉打击的态势，对于非法集资类的犯罪毅然采取零容忍的态度。目前，我国对私募基金的监管手段主要有以下两个方面：

1. 加强对私募基金的专项检查，扩大对基金管理人、私募公司及所涉基金的检查范围。检查标准主要分为三档：严重违法违规、一般违规和不规范问题。

2. 制定相关配套制度规范私募公司的名称、经营范围及私募基金注册审批流程等,并实行新老基金产品划断,意在降低私募公司运作中潜在的资金风险。

第二章

私募行业刑事法律风险详述

一、资金募集阶段的法律风险

私募基金的资金募集阶段是指一个基金的资金引入部分,包括登记备案、招募投资者和投资者资金引入的全过程。合法规范的资金募集应当具备五个基本要求:

(1)基金登记备案;

(2)募集对象限定为合格投资者;

(3)募集人数累计不得超过200人;

(4)只能采取非公开的募集方式;

(5)不得承诺保本保收益。

资金募集阶段是监管审查的重点之一,稍有不慎,构成非法集资中的非法吸收公众存款罪的风险极高。与上述要求相对应的即为判断非法集资的四个标准:非法性、公开性、社会性和利诱性。

(一)非法性

非法性,简言之系指违反国家规定。在非法集资案件中,违反国家规定的规定不仅仅指刑法,还包括金融监管机构制定的相关规定、办法、实施细则等规范。如果公司实际存在且基金已完成登记备案,实践中认定募集行为非法的概率相对较低,但仍不排除合法外观下的非法性质。

关于“非法性”之案例探讨:

【案例1】A公司是合法设立的私募公司,有取得资质的30多个基金管理人,在基金业协会备案了4只私募基金产品。但实际上,A公司对外宣传,诱导投资者购买的私募基金产品超过备案基金产品。此案例系通常所说的“备少募多”情形,该行为具有非法性。

【案例2】B公司是合法设立的私募公司,有符合标准的基金管理人,设立的基金也全部在基金业协会备案。但募集过程中,B公司在商贸中心(公开区域),通过公司及第三方机构销售人员电话推销、个人推介、发放宣传资料等途径向公众宣传,未限定合格投资者,同时承诺定期以货币方式还本付息,该行为同样具有非法性。

公司依法设立、基金登记备案是合规的前提,但并非必然阻却违法。在非法集资的非法性认定中,突破合法私募基金边界进行违法行为的主要包含两类:

第一类是不符合形式标准,也就是以私募基金之名行犯罪之实。

第二类是不符合实质标准,也就是形式上具有“合法性”,但募集对象、募集方式、资金用途等实质性的经营操作违反法律法规的要求。

因此,判断私募基金募集阶段的非法性应当同时考虑募集程序的合法和募集行为实质的规范。

（二）公开性

《私募投资基金监督管理暂行办法》第十四条对公开宣传有明确规定，即不得通过报刊、电台、电视、互联网等公众传播媒体或者讲座、报告会、分析会和布告、传单、手机短信、微信、博客和电子邮件等方式，向不特定对象宣传推介。

非法集资犯罪中对公开性的要求相较于《私募投资基金监督管理暂行办法》的规定更为广泛。《刑法》上除包括以各种途径向社会公众传播吸收资金信息的行为外，还包括明知是吸收资金的信息向社会公众扩散而予以放任等情形。

关于非法集资犯罪的公开性情形的讨论主要有以下三种：

1. 以手机短信、邮件、微信、讲座等公开方式，向已限定的特定数量的投资对象进行宣传，是否具有公开性？

司法观点是“法无禁止即自由”，法律并未禁止通过微信、短信、邮件等方式向特定对象宣传推介私募基金，如果能有效控制宣传推销的对象和数量，对已充分了解风险和有能力承担的“特定对象”，采用前述的公开宣传的方式推介并无不当。

换言之，即便采用的手段具有公开性质，只要对象特定，宣传行为就不具备公开性。但为了避免潜在的风险，进行宣传活动时需严格遵照《私募投资基金监督管理暂行办法》的规定，同时把握以下两个关键点：

一是在宣传过程中推荐、介绍私募基金公司、基金管理人资质和业绩所提及的私募产品，只能是“过往”项目，禁止出现“准备募集”的资金项目；

二是必须要满足两个特定条件，即在特定的场所内针对特定的投资人进行宣传推介。

2. 公司先发展会员，再从会员中选取投资者的募集行为，是否具有公开性？

该情形与第1种类似，两者本质上都是特定化的问题，即是否以特定方式在特定范围向特定对象非公开募集。因此，如果从会员中选取的推介对象符合私募合格投资者的要求，且会员的发展不以介绍待募资的私募产品为目的，可认定不具有公开性。

3. “口口相传”是否属于公开宣传？

法律并未对“口口相传”作出具体规定和解释，但2019年《最高人民法院、最高人民检察院、公安部关于办理非法集资刑事案件若干问题的意见》第五条第一款第（一）项规定，在向亲友或者单位内部人员吸收资金的过程中，明知亲友或者单位内部人员向不特定对象吸收资金而予以放任的，吸收的资金计入犯罪数额。当中虽然没有提到“口口相传”的概念，但规范内容的实质表现即为“口口相传”。

关于“口口相传”是否直接认定为公开宣传推介，要结合该行为发生时行为人的主观状态是否为故意、是否对投资人的来源进行核查，同时结合范围是否固定、封闭等进行考量。

如果信息流通范围较小，且消息仅在部分亲戚及小部分具有实质联系的“私募圈”朋友之间互相传递，则不应认为该“口口相传”具有“公开性”的特征。如果对“口口相传”的范围不予以限定，或是放任基金产品信息传递至不特定人，并对其投资予以接受的，则应当认定其具备“公开性”。

（三）社会性

社会性是从募集资金的对象上区分，将其划分为特定对象与不特定对象。集资对象为不特定对象的，符合“社会性”特征，集资对象为特定对象的，则不构成“社会性”特征。

私募基金对募集对象有明确的要求，包括募集对象为合格投资者，单只私募基金合格投资者人数限制两个方面。同时,数量上应当保证有限责任公司型基金及有限合伙型基金不超过50人,其他基金(契约型、股份公司型)不超过200人。

合格投资者应符合三个条件:

(1)具备相应风险识别能力和风险承担能力;

(2)投资于单只私募基金的金额不低于100万元;

(3)机构投资者净资产不低于1000万元,个人投资者金融资产不低于300万元或者最近三年个人年均收入不低于50万元。

有学者认为,界定私募中的交易对象范围主要有三个标准:(1)投资经验:主要是金融机构和机构投资者;(2)特殊关系:如集资者的高级管理人员;(3)财富标准:有钱人。

募集对象是否合格应当通过穿透核查确认。根据《私募投资基金监督管理暂行办法》第十三条规定,对于合格投资者以及投资者人数的审查应当采用穿透核查,所谓穿透核查就是揭开合法性的表层,来看产品关系链最终的性质特征。以下两个案例可以解释何为穿透核查。

【案例1:拆分收益权型】(见图2-2-1)

A互联网金融平台,通过其网站、App等互联网形式,为产品转让方和受让方提供"收益权转让"服务。其平台运营商为上海某金融科技有限公司J公司。客户可在平台上受让基础产品收益权,其中基金资产类别包括证券期货经营机构的资产管理计划、有限合伙型及契约型私募基金等。

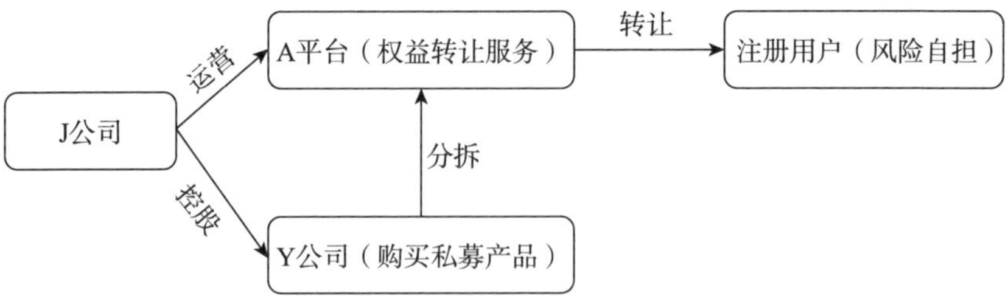

图2-2-1　拆分收益权型

本案例中募集对象的穿透审查,遵循以下拆解方法:

首先,由J公司全资控股的Y公司作为合格投资者,先行购买了相关私募产品。然后,由Y公司将其持有的私募产品收益权分拆后,通过A平台转让给注册用户。注册用户为增加所持收益权的流动性,可通过A平台再向其他注册用户转让收益权。A平台设定的投资金额起点分别为1000元(固定收益类)和1万元(权益类)。此外,按照Y公司和投资者签署的《收益权转让协议》约定,私募产品的风险和收益在转让后均由受让方承担。

一些私募机构采用将私募基金份额进行拆分以降低单个投资金额;或汇集多人资金后以一人名义进行投资,从而达到100万元的最低标准;或组织合格投资者购买符合条件的基金份额,再向多个不合格投资者进行转让等方式突破合格投资者的界限。该案例特殊之处在于,其采取拆分收益权的措施,本质上突破了合格投资者的界限,具有社会性。

【案例2:嵌套型有限合伙】(见图2-2-2)

2014年12月,湖北证监局在日常监测中发现A公司在各居民区和主要街道大肆散发宣传单销售私募基金,初步判断A公司涉嫌向不特定人群违规销售私募基金产品,并于2015年1月对A公司进行现场检查。检查发现,A公司是一个总部设立于武汉的第三方财富管理机构,主要从事私募基金代销和互联网P2P业务。A公司代销其关联方深圳市M公司发行的M1和M2两只基金产品,向不特定对象募集资金,募集资金后,投向其关联公司的两个地产项目中,但并未向投资者如实披露。

M1和M2两只基金产品由M公司作为普通合伙人,出资额为总募集规模的5%,余下资金通过设立多期有限合伙形式的股权投资企业募集资金,每期股权投资企业又分设多级合伙企业。通过这种嵌套式投资结构,两个私募产品向众多个人投资者募集。合伙期限分为一年期、三年期、五年期,投资金额为20万元起。

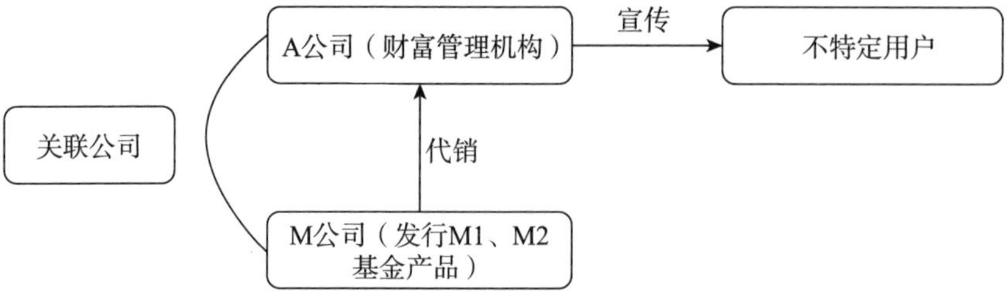

图2－2－2　嵌套型有限合伙

该案例为典型的嵌套式突破投资人数限制。实践中,突破人数限制的方法主要为两种:一是设立嵌套型有限合伙,也即有限合伙中设立1个普通合伙,49个有限合伙,在此基础上再进行嵌套,从而达到突破人数限制的目的;二是拆分成同质化的多个项目,如将一只私募基金产品拆分成同质化的多个产品,利用多个产品分别募资。

上述两个案例都系采用第一层合法结构掩盖后续交易的非法性。在穿透式核查的监管和司法审查下,公司不可以抱有侥幸心理。

(四)利诱性

“利诱性”是指集资人承诺在一定期限内以货币、实物、股权等方式还本付息或者给付回报。非法集资的“利诱性”特征包括有偿性和承诺性两方面内容,即集资人除偿还本金外,还承诺给予一定的回报,回报的形式或名义可以为利息、分红、工资、奖金等。

私募领域“利诱性”的典型表现为私募公司为吸引资金注入采取保本保收益的方式。下列情节与案例都是“利诱性”的表现:

➢ 广告中使用“预期年化收益”字样;

➢ 管理人或第三方溢价回购协议,在将来特定时间或发生约定情形时,由回购方以约定的溢价购买投资者的份额;

➢ 将目标公司未来业绩或目标对赌,如以三年后公司IPO上市为条件,未能达到上市目标则溢价回购或作出补偿;

➢ 第三方承诺或差额补足，即由第三方为私募基金产品的收益做保证；

➢ 定期分红协议，该协议不考虑目标公司的盈亏、分配后基金份额净值等情况定期向投资人分红；

➢ 由劣后级份额为优先级份额提供本金和收益保证，在基金亏损时，由劣后级份额对优先级份额的本金和收益进行补足。

此外，在后的补偿保本行为是否具有利诱性的关键在于，在募集阶段是否有承诺保本的明示或暗示行为，利诱性的本质在于以避免投资者风险来吸引投资者进行投资，因此，在后挽回成本的行为不应当被用来倒推"利诱性"这一特征。

二、资金投资阶段的法律风险

在可能构成非法吸收公众存款罪的基础上，若对资金还有非法占有目的，即构成集资诈骗罪。集资诈骗的问题一般集中在资金投资的阶段，最典型的就是"庞氏骗局"。

（一）"庞氏骗局"的性质

"庞氏骗局"的概念十分简单：就是诱惑他人投资，而实际上投资者的资金被另作他用，所得收益可能用于支付投资人"投资本息"，也可能被吸纳人独自占有。然后在这样的"以新还旧"中循环往复，不断地吸收新人资金，归还给旧人的钱，债台高筑直至崩盘。

【案例】

麦道夫被称为史上最大规模"庞氏骗局"的操盘手，其深知如何吸引"有钱人"投资的门道，通过包装自己，出入各种俱乐部、会所等顶级富豪社交场所，宣扬自己的投资本领，久而久之，麦道夫"投资大师"的形象深入人心。在投资初期,麦道夫将投资利息准时准点支付给投资人,对投资人撤回本金的要求也从无拖延,从而赢得"优良口碑"。

在麦道夫的精心打造之下,他疯狂吸纳了超过近600亿美元。

对于这种借新还旧的"庞氏骗局",应该如何定性?

观点一:"借新还旧"表明有还款意愿,为非法吸收公众存款罪。

该观点认为多数情况下,集资人拆东墙补西墙,借新还旧的行为,至少表明了行为人主观上有还款意愿,集资人并不希望将集资款全部占为己有,也没有携款潜逃,相较于将资金用于个人挥霍、赌博等行为的社会危害性较小,因此多数情况下不会被认定为具有非法占有目的,行为人一般构成非法吸收公众存款罪。如果公司本身拥有一定的主营业务,在经营过程中面向不特定对象非法集资,拆东墙补西墙,则亦有可能构成非法吸收公众存款罪。

观点二:"借新还旧"并非生产经营活动,为集资诈骗罪。

该观点认为"借新还旧",维持整个集资平台运转本身,是一种未将集资款用于生产经营活动的行为,如果因此导致集资款无法返还,应当认定有"非法占有目的",行为人构成集资诈骗罪。事实上,决定"借新还旧"行为本身是否构成"非法占有目的"的关键,是集资人是否将资金投入生产经营以及是否有经营实体,例如,在一些集资诈骗案例中,法院使用了"与投资经营均无关的借新还旧"和"极少部分资金用于生产经营"的表述来认定其具有"非法占有目的"。

(二)资金池

1. 什么是资金池

把资金池比作一个水池,一边让资金流入水池,一边让资金流出去。不区分资金的来源,只要进到池子都归属"池子"所有。投资人能见的只是存折或平台上的一个数字或者简单的一纸合同,甚至见无所见。投资者更无法区分池子里的钱哪部分属于自己。

现实中的资金池常存在两个进水管：一个让投资款流进来，一个让借款人的还款流进来；还有三个出水管：一个贷款通道，一个投资人提款通道，还有一个平台提取利润的通道。（见图 2－2－3）五管齐下，两进三出，用以控制资金池里的水位，即钱的多少。如此复杂的系统在运作控制中极易出现问题。

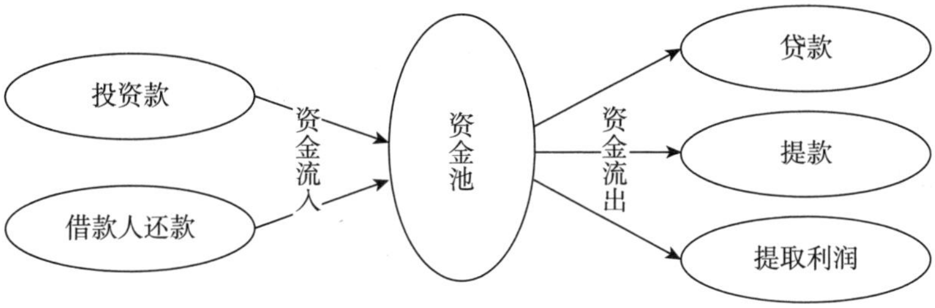

图 2－2－3　资金池

2. 为什么禁止资金池

被监管禁止的"资金池业务"最突出的风险是流动性带来的兑付危机。资金池的风险可以用"水池"算术题来形容，水池排空的时间取决于进水口和排水口的水量博弈。私募基金"资金池业务"中，进水口的水量是指募集资金和投资回款，出水口的水量是指产品兑付和投资付款。对于成熟的金融机构银行来说，因建立了相对完备的指标监控体系，"水池"排空的风险可量化管控，而对于私募基金来说，由于自身的资金量有限且信用无保障，如果采用"资金池"模式，则"水池"排空的风险会大大加剧。

3. 未按约定专款专用的刑事责任

当平台资金未按与投资人的约定专款专用时，则存在构成挪用资金罪的风险。《刑法》规制的非法挪用资金的客观行为表现为：行为人将单位资金供本人或其他个人使用；或以个人名义将单位资金供其他单位使用；或个人决定以单位名义将单位资金供其他单位使用，谋取个人利益。

原司法实践倾向认为，事后获得实际利益的，可以推定其主观上具有谋取个人利益的目的。具体到私募机构，司法机关通过考察基金财产的性质是否发生改变，即是否由公变私，据以推断行为人是否具有犯罪故意。如果最终单位（基金）财产发生由公变私的转移，则构成刑事犯罪的概率较高。至于挪到何处使用、挪用为何、挪用去向等，不影响对非法挪用资金行为的定性。

现亦有司法裁判提出，分析挪用基金财产行为是否可能涉及刑事犯罪，不应仅仅关注基金财产是否发生“从单位到个人”的流转过程，还需审视该等流转行为是否基于普通合伙人或基金管理人依职权作出，该等权利是否经由各有限合伙人合法授予，以及是否侵害基金使用收益权等因素。不能仅因基金财产被转给与行为人关系密切的企业，就认为存在尚未实现的、模糊的、不确定的利益，从而简单推定行为人具备谋求个人利益的主观故意。若执行事务合伙人基于合伙协议及补充协议委派代表，在对基金财产具有完全支配权的前提下使用基金财产，这种处分本质上代表全体合伙人的意志，从资金使用的结果看亦未侵犯各合伙人的利益，该类情形不能轻易将资金由公转私行为认定为非法挪用资金。

（三）私募基金管理人受贿风险

伴随私募基金规模爆炸式增长的，还有商业贿赂问题。众所周知，私募基金从事的融资、投资业务，具有明显的金融印记，属于类金融机构。尽管私募基金涉及的商业贿赂部分不属于中纪委金融反腐的范畴，但是风起于青蘋之末，金融反腐与私募基金风险汇聚的现状会使之相互影响刺激，进而交汇、扩大。因此深入解剖分析私募股权基金领域的商业贿赂问题，防范其中的刑事法律风险实有必要。

1. 商业贿赂在私募基金领域的表现

近年来，随着股权投资领域的快速发展，股权投资基金机构（GP）及 GP

委托的自然人无疑面临更大的诱惑。尤其是一线基金团队内部,行使投资决定权的管理层出于各种各样的缘由收受贿赂,如为迎合项目方需求而投资决策、抬高估值、掩盖瑕疵;根据财务顾问(FA)机构要求影响项目立项、尽职调查的日程安排及投资决策的独立性;因存在特定利益关系接受项目推荐;等等。

早期的典型案例,如号称私募股权投资(PE)第一案的陈某清非国家工作人员受贿案[①],陈某清掌管某星创投后,主导某星医药以及某星创投投资了11家公司,在为某星医药以及某星创投服务期间,陈某清通过"影子公司"低价,甚至免费获取大量被投公司股权,法院以非国家工作人员受贿犯罪予以认定。

另外,在私募基金销售过程中,销售机构人员涉嫌行贿罪的情况也多有发生。比如,在私人银行部产品经理关某受贿案中,其利用职务便利,为某红公司、某衡投资一元管理公司销售金融产品提供帮助,而两家公司以奖励、佣金等名义给予关某数百万元贿赂。

因资管行业"受人之托,代客理财"的行业属性,GP或者GP委托的自然人滥用为股权投资提供资金来源的群体(LP)委托的投资决策权力,往往是投资界日常工作中的"硬币两面",很难根除。

2. 受贿与"跟投"之辨

跟投制度是指合伙制私募股权基金的普通合伙人及其自然人员工、有限合伙人以自有资金对基金拟投资项目进行跟随投资的制度。跟投制度设计的本意,要求或允许管理人员、项目经理对其负责的项目,跟随基金共同投资,将普通合伙人与管理人员、项目经理进行利益绑定,以达到降低代理成本之目的,同时可以控制代理风险和道德风险,降低管理人员的流动风险。

---

① 上海市第二中级人民法院刑事判决书,(2013)沪二中刑终字第859号。

前述陈某清非国家工作人员受贿案中，有观点认为，陈某清获取股权属于跟投性质。其股权的获取途径均为个人股权的受让，在其投资后，被投资企业的股权总数未有变化，不会发生股权价值下降的情况；同时，某星创投投资的股权价格也是由其通过尽职调查、财务审计后，根据股权投资行业的规律与被投资企业协商确定的。从而得出陈某清“跟投”的过程中，某星创投没有遭受任何利益损失。但是，从判决结果看，司法部门并没有完全认可该观点。

“知及之，仁不能守之，虽得之，必失之。”私募股权基金是推动国家经济发展不可或缺的金融工具之一，要推动行业良性发展，防范商业贿赂方面的刑事法律风险务必引起各方的高度重视。

三、投后管理与退出阶段的刑事法律风险

基金投后管理和退出阶段的刑事法律风险主要表现为内线交易、操纵证券市场以及关联交易。

（一）内线交易

所谓内线交易，简单来说就是利用一些没有公开但足以影响股票、证券、期货等市场价格的消息进行交易。我国《刑法》关于内线交易可能涉及的罪名有两个，均在《刑法》第一百八十条规定项下，分别为“内幕交易、泄露内幕信息罪”和“利用未公开信息交易罪”。

这两个罪名本质上规制的是同一类行为，即利用内幕信息或者其他没有公开的信息实施交易，这也是目前私募公司工作人员最易触及的法律风险。

内幕信息主要分为以下四类：（1）公司运营的重大变化；（2）公司资产的重大变化；（3）公司人员信息的重大变化；（4）公司法律风险的重大变化。

具体分析可参考本书上篇第三章的内容。

未公开信息比较好理解,就是排除内幕信息,利用未公开信息交易罪中的“其他的未公开信息”,这类信息不属于证券法规定的内幕信息,但又对证券交易活动具有影响。通常是指金融机构工作人员利用职务便利能够获取,并且应当予以保密的重要信息,如本单位受托管理的资金的运营情况,客户的交易信息等。法律明文规定的主要包括以下两类:

(1)证券、期货的投资决策、交易执行信息。如基金投资公司即将建仓、出仓的信息等,这是“未公开信息”的常见类型,过去查处的“老鼠仓”案件所涉信息基本都属于此类信息。

(2)证券持仓数量及变化、资金数量及变化、交易动向信息。

1. 内幕交易、泄露内幕信息罪

内幕交易、泄露内幕信息罪主要包括四个行为:买入或者卖出证券;从事与该内幕信息有关的期货交易;故意泄露该内幕信息;明示、暗示他人从事内幕信息交易活动。下面以常发情形来分析前述行为对应的归罪可能。

背景:王某为某东投资公司财务人员,知道公司近期有一个项目,投资某西公司,张某为该公司业务人员,不属于该信息的知情人员。

➢ 情形一:王某在该投资信息没有公开前,利用控制的他人账户进行了买卖,并告诉其朋友最近某西公司的涨势不错,可以买入。

此情形中,王某利用他人账户进行交易的行为构成内幕交易罪,这也是内幕交易最直接的行为模式;王某暗示他人买入相关证券,构成的则是泄露内幕信息罪。所以,王某构成内幕交易、泄露内幕信息罪。

➢ 情形二:张某在与王某接触过程中获悉公司近期可能有投资安排,后为非法获取该内幕信息,向王某打探并确认公司的投资对象为某西公司,之后张某将信息告知其妻李某,李某对相关证券进行了交易。

此情形中,张某和李某构成内幕交易罪,王某不构成犯罪。张某故意在电话、微信、面谈中主动引诱王某对该事宜细节进行讨论,本身属于刺探行为，张某构成了非法获取内幕信息的人员，后其又主动告诉李某。虽然仅由李某进行了相关交易，但两者是近亲属的特殊关系，法律明确规定，近亲属实施了内幕交易的行为，视为内幕信息知情人实施了内幕交易的行为。因此，两者都构成内幕交易罪。而本罪系故意犯罪，王某并没有泄露内幕信息的主观故意，因而无罪。

➢ 情形三：王某在一次与张某、钱某的闲聊中，告知其公司近期有投资某西公司的计划，之后张某将该信息告知其妻李某，李某对相关证券进行了交易，并送给王某一套房子。钱某认为风险较大，并未买入相关证券。

此情形中，王某构成内幕交易、泄露内幕信息罪。王某主动告知张某、钱某内幕信息，主观上存在故意，其定罪与他是否从后者的内幕交易中获利有关，如果王某只是泄露该内幕信息，并没有收受李某的财物（房子），则其只构成泄露内幕信息罪。张某和李某与情形二一致，构成了内幕交易罪。钱某未进行相关交易，不构成犯罪。

➢ 情形四：王某将公司投资计划的资料带回家中，其妻子樊某看到相关信息，王某并未制止，后樊某对相关证券进行了交易。

此情形较为简单，王某和樊某构成内幕交易罪，虽然王某并非故意让樊某看到内幕信息，但这种情况在司法实践中两者都会被认定为内幕交易。对该类情况的判断，通常要结合两者之间的特殊关系，以及王某本身职责所在的情况。王某将材料带回家中，就应该意识到在家这一个特殊的空间中，其应该具有妥善保存材料、防止外泄的义务，更何况，王某并未制止其妻子的行为。

➢ 情形五：王某在交谈过程中告诉其弟媳吴某，最近某西公司的涨势不错，可以买入，后吴某告知其朋友戴某，两人都进行了相关交易，并送给王某一套房子。

此情形中，王某构成了内幕交易、泄露内幕信息罪。尽管其并没有直接泄露的行为，只是暗示吴某进行相关交易，但这也是泄露内幕信息的一种方式。与情形三一致,如果王某只是暗示吴某,并未收受房子,即只构成泄露内幕信息罪。吴某作为“非法获取内幕信息的人员”又进行了泄露行为,与内幕信息知情人的泄露行为一致,除构成内幕交易罪外,还构成泄露内幕信息罪。戴某只构成内幕交易罪。

从上述模拟情形中可以得到以下几点提示:

第一,近亲属实施了内幕交易的行为,视为内幕信息知情人实施了内幕交易的行为。《刑法》中的近亲属是指夫、妻、父、母、子、女、同胞兄弟姐妹,相较于民事法律关系中的“近亲属”范围较小。这些人员与上述情形中“妻子”的地位一致,如果将上述的妻子换成这几种关系中的任意一个,行为人的罪名认定结果不会发生变化。

第二,若内幕信息知情人员不承认把内幕信息告诉了其近亲属,如何证明该内幕信息知情人员是“故意泄露”呢?一般来说,在内幕交易罪中会采用“推定”方式。内幕信息知情人员的近亲属在内幕信息敏感期内从事与该内幕信息有关的证券交易,就推定双方之间有泄露内幕信息的行为,除非实际交易人可以对相关明显异常交易行为或获得的信息来源作出合理解释。实务中有些人以“不知悉内幕信息”“具有特定行业经验、熟悉特定行业”“根据公开报道及专业人士推荐”“长期关注相关股票”“技术分析及类股对比”等理由予以解释抗辩。基于对大量案例的分析,这种相对宽泛的抗辩理由很难被法院接受。

2. 利用未公开信息交易罪

利用未公开信息交易罪的行为模式与内幕交易类罪的模式一致,典型行为有:

- 利用知悉的大额投资、证券持仓变化等信息,私下建仓跟投;
- 提前私下低位建仓,利用职务管理的巨额资金拉升股价,高价出仓获利等;
- 自身没有交易行为,但是明示或者暗示他人进行相关交易的行为。

下述案例是利用未公开信息罪中比较特殊的情形，公募基金经理与私募从业人员共同利用未公开信息，大量交易股票非法牟利。

【案例：(2019)沪刑终76号】姜某君、柳某利用未公开信息交易

背景：姜某君为上海某腾投资管理有限公司（以下简称某腾公司）的设立人，通过某腾公司设立“某腾一期”私募基金，并通过该私募基金从事证券交易。柳某为某信基金公司基金经理，管理某信蓝筹基金，负责该基金的运营和投资决策。

案情：柳某在职期间，姜某君频繁与柳某交流股票投资信息。柳某明知姜某君经营股票投资业务，仍将其利用职务便利所获取的某信蓝筹基金交易股票的未公开信息泄露给姜某君；或使用某信蓝筹基金的资金买卖姜某君向其推荐的股票，并继续与姜某君交流所交易的特定股票，从而泄露相关股票交易的未公开信息。姜某君则利用上述从柳某处获取的未公开信息，使用所控制的证券账户进行股票交易。上述时间段内，姜某君控制的证券账户及“某腾一期”私募基金证券账户与某信蓝筹基金账户趋同买入且趋同卖出同种股票，获利4619万余元。

该案例不同于传统的“老鼠仓”行为模式，其交易信息的传递具有反向性特征，即由私募基金的一方向公募基金一方推荐股票，以公募的资金优势带动私募基金的增长。但不论什么模式，只要利用了未公开信息，又进行了相关交易，就满足了利用未公开信息的入罪条件。

总体来说，不论利用的是内幕信息还是未公开信息，不论是自己进行交易、委托他人进行交易，还是明示、暗示他人进行交易，或者仅泄露相关信息，都可能构成“内线交易”。

（二）操纵证券市场罪

除“内线交易”以外，因私募公司的资金优势和信息优势，比较常见的刑事法律风险还有操纵类的犯罪。

在私募圈，操纵股价重案要案频发，比如产生较大影响的叶某案①。

2021 年 5 月 9 日，私募大 V 叶某在微博点名某家居公司董事长和董秘，讨要所谓的“接盘债”。叶某爆料某家居公司通过与盘方合谋进行“市值管理”、操纵股价，经查，叶某在明知他人操纵股票价格的情况下，积极提供相关帮助及建议，为操纵市场创造有利条件，并谋取非法利益。史某等操纵团伙控制数十个证券账户，通过连续交易、对倒等违法方式拉抬“某某家居”“某某电子”股票价格，交易金额达 30 余亿元。

从叶某案分析可以看到私募公司在整个交易架构中具备信息优势、资金优势、交易行为组织性的特点。这种典型特征导致在证券市场实际投资中，其极易涉及操纵证券市场刑事风险，虽然私募公司可能不是直接作为主犯角色存在，但仍可为操纵行为提供帮助。

操纵证券市场的方式可以分为两类：一类是“交易型操纵”，意为通过证券交易的行为控制证券市场；另一类是“信息型操纵”，意为通过虚构、控制信息发布的行为操纵证券市场。

1. 交易型操纵

(1)连续买卖、联合买卖。

连续买卖行为重点在“连续”二字，意为通过单独或者合谋，利用资金、持股或者持仓优势，或者利用信息优势，联合或者连续买卖的行为。联合买卖其实是连续买卖的一种特殊形式，也就是两个以上操纵者合谋连续买卖的行为。连续买卖、联合买卖入罪，必须符合以下两个标准：

一是有资金、持仓或者信息优势。这里的资金优势，一般通过操纵期间账户组交易金额、日均交易金额与同期整个市场交易金额对比进行判断。持仓优势一般通过账户组持股量占流通股比例来判断。操纵证券市

① 吴晓璐：《时隔两年多叶飞案正式落幕：获刑三年并处罚金五十万元》，载微信公众号“证券日报”2023 年 12 月 21 日，https://mp.weixin.qq.com/s/JcBu0jPGboGGnoLVkupQYA。

场犯罪特别是跨期操纵犯罪是资金密集型犯罪,只有足够的资金和底仓,才能拉动影响交易量和股价,完成操纵行为。信息优势在司法实践中很少用到,在司法实践中经常会归入信息型操纵。

二是连续买卖达到了司法解释规定的标准。连续买卖的认定,会通过操纵期间交易股票数量占同期整个市场交易股票数量的比例来衡量,必须达到司法解释规定的标准。单独以这一行为入罪的案例较少,原因是之前追诉标准定的指标过高,一般操纵很难达到这个标准。实际上,操纵一只股票,不需要这么高的持股和交易占比,所以在司法解释降低门槛后,连续买卖入罪的案例明显增多。

(2)对敲、对倒。

对敲是指在自己实际控制的账户之间进行证券交易,或者以自己为交易对象,自买自卖期货合约;对倒的手法与对敲一样,只不过交易对象是不同的操纵者控制的账户。这两种手段都要求达到影响证券、期货交易价格或者影响证券、期货交易量。司法解释中也对其入罪标准进行了量化,与连续交易入罪的后两个指标一致,即连续 10 个交易日的累计成交量达到同期该证券总成交量 20% 以上。

(3)虚假申报。

虚假申报是当前短线操纵的常见手段,指行为人不以成交为目的,频繁或者大额申报、撤单,误导投资者作出投资决策,影响证券、期货交易价格或者交易量,并进行与申报相反的交易或者谋取相关利益的行为。就虚假申报而言,主要看行为人是否实施大量买入或者卖出的申报,形成股票价格变化的假象后又撤回申报。撤回申报的行为是认定其申报行为虚假性的重要指标。

2. 信息型操纵

私募公司除涉及交易型操纵外,还可能涉及信息型操纵。除叶某曝光的“某某家居”市值管理方式外,还存在利用上市公司信息披露与私募机构的股票炒作相互配合，在特定时段共同推高股价的“伪市值管理”行为，此种操纵方式主要是以信息误导为手段，达到操纵的目的。

(1)蛊惑交易。

蛊惑交易，简言之，就是行为人为了谋取利益，利用不真实、不准确、不完整或不确定的重大信息，诱导投资者在不了解事实真相的情况下作出投资决策，进行相关证券、期货交易。

(2)抢帽子。

受《刑法》规制的“抢帽子”行为是指通过对证券及其发行人、上市公司、期货交易标的公开作出评价、预测或投资建议，误导投资者作出投资决策，影响证券、期货交易价格或者交易量，并进行与其评价、预测、投资建议方向相反的证券交易或者期货交易。通俗地讲，就是先悄悄建仓，再利用影响力荐股，等大家都买了带来股价上升了再卖出获利。抢帽子为典型的信息操纵手段，下面的朱某明操纵证券市场案，采取的就是抢帽子的方式。

【案例】朱某明操纵证券市场案[①]

背景：朱某明原系某证券有限责任公司上海龙华西路证券营业部(以下简称某证券营业部)证券经纪人，上海电视台第一财经频道《谈股论金》节目(以下简称《谈股论金》节目)特邀嘉宾。

案情：朱某明在任某证券营业部证券经纪人期间，先后多次在其担任特邀嘉宾的《谈股论金》电视节目播出前，使用实际控制的三个证券账户买入多只股票，于当日或次日在《谈股论金》节目播出中，以特邀嘉宾身份对其先期买入的股票进行公开评价、预测及推介，并于节目首播后1~2个交易日内抛售相关股票，人为地影响前述股票的交易量和交易价格，获取利益。

(3)虚构重大事项。

虚构重大事项具体表现为通过策划、实施资产收购或者重组、投资新

① 上海市第一中级人民法院刑事判决书，(2017)沪01刑初49号。

业务、股权转让、上市公司收购等虚假重大事项,误导投资者作出投资决策,影响证券交易价格或者证券交易量,并进行相关交易或者谋取相关利益的。这种手段主要针对近年来上市公司“忽悠式”重组、“忽悠式”收购等乱象。主体虽然没有限定,但一般只有上市公司实控人、大股东、高管才有能力实施这样的行为。

操纵证券市场罪的具体手段可以单一,也可以多种手段复合混杂,甚至可以采取上述手段之外的方式,只要达到相应的入罪要求,都以操纵证券市场罪定罪。从目前监管趋势来看,操纵证券市场的入罪门槛已降低、处罚幅度提高,相应刑事风险对应提高。

(三)关联交易

私募基金的关联交易一直是证监会监管的重点,《私募投资基金监督管理条例》第二十八条专门对私募基金的关联交易要求进行了进一步的明确和细化。

1. 什么是关联交易

关联交易是指私募投资基金与关联方发生的交易行为。根据《私募投资基金监督管理条例》第二十八条的规定,关联方包括管理人、投资者、管理人管理的私募投资基金、同一实际控制人下的其他管理人管理的私募投资基金、与上述主体有其他重大利害关系的其他主体。此外,《证券投资基金法》第七十三条也对关联方进行了规定,具体见表2-2-1。

表2-2-1 《证券投资基金法》中的私募基金关联交易关联方

序号	《证券投资基金法》第七十三条
1	基金管理人
2	基金托管人
3	基金管理人的控股股东、实际控制人
4	与基金管理人有其他重大利害关系的公司

需要注意的是，关联方的范围并非一成不变，其往往伴随业务的发展而产生扩大或缩小的变化。

2. 常见的关联交易行为

（1）基金与管理人及其关联方之间的交易。

➢ 天然关联交易，主要是指基金与管理人之间的基金管理服务交易，管理人为基金提供管理服务，基金享受管理服务向管理人支付管理费，这也是私募基金行业的应有之义，故而此种关联交易是天然的关联交易。

➢ 衍生关联交易，是指管理人关联方与基金之间的服务交易，包括代销服务、投资咨询及顾问服务等交易。此类关联交易较为常见，实践中需注意交易价格公允性及利益输送问题。

➢ 其他关联交易，常见为管理人所管理的基金受让管理人自有资金投资项目，这种情况多发于基金备案与项目投资衔接不当，即存在质量较好的项目需投资，而基金尚未备案成功，管理人以自有资金进行投资，待基金备案成功后再进行股权或份额的转让，从而达到"曲线救国"的目的。亦有管理人用所管理的基金追加投资或受让管理人的实际控制人、股东、董监高等关联人员及其近亲属在先投资的项目。前述情形的主体反向调整也属于关联交易。

（2）基金与关联基金之间的交易。

➢ 投资同一标的。

基金与关联基金投资同一标的而产生的关联交易，不论是同时投资还是存在时间差的先后投资，均列入关联交易范畴。此类关联交易需注意标的或底层资产估值的公允性及公平对待投资者的问题。

➢ 直接交易。

关联基金之间直接产生交易根据受让主体不同分为两种情形：一种是基金将所投资的标的转让给同一管理人管理的其他基金；另一种是基金将所投资的标的转让给同一实际控制人控制的其他管理人管理的基金。

3. 关联交易可能构成哪些罪名

私募基金行业的关联交易不可避免，但关联交易并不当然违法，正当的关联交易也未被法律及基金业协会的有关规定禁止，关联交易之所以容易涉及犯罪行为，主要是因为关联交易极易衍生利益冲突。根据不同的行为模式，可涉及以上提到的内幕交易、操纵证券市场罪，还可能涉及挪用资金罪、违法运用资金罪、职务侵占罪以及行受贿类犯罪。

第三章

单位犯罪情况下的责任分配

在大多数私募基金触刑案件的审理过程中，很多犯罪嫌疑人会提出本案系属单位犯罪，希望借此减轻罪责。根据《最高人民法院关于审理单位犯罪案件具体应用法律有关问题的解释》第二条的规定，公司以实施犯罪为主要活动的，不以单位犯罪论处。因此，此种情况下应以自然人犯罪论处，被认定为单位犯罪概率比较小，但根据实际情况的不同，也存在认定单位犯罪的可能性。

一、单位中哪些人员需要承担责任

单位犯罪的处罚原则是对单位判处罚金，并对其直接负责的主管人员和其他直接责任人员判处刑罚。其主要处罚的就是直接主管人员和其他直接责任人员。

➢ 直接负责的主管人员，是指在单位实施的犯罪中起决定、批准、授意、纵容、指挥等作用的人员，一般是单位的主管负责人，包括法定代表人。

➢ 其他直接责任人员，是指在单位犯罪中具体实施犯罪并起较大作用的人员，既可以是单位的经营管理人员，也可以是单位的职工，包括聘任、雇用的人员。

应当注意的是，在单位犯罪中，对于受单位领导指派或奉命而参与实施了一定犯罪行为的人员，一般不宜作为直接责任人员追究刑事责任。

司法实践中一般会对私募基金发行方的三类人定罪量刑：

一是参与决策、策划对外吸收资金的公司实际控制人、法定代表人。在私募基金的运作中，诸多文件、公告可能都是由实际控制人、法定代表人签署、盖章的，作为实际控制人、法定代表人不了解本公司的私募基金活动的可能性是比较低的。

二是设计基金产品的负责人。负责人明知公司存在基金备案之前先行融资、资金未进行托管等现状，仍参与该公司事务，并放任他人利用其取得的相关从业资格、形式上符合规定的合伙协议等进行变相非法吸资，需为此承担罪责。

三是公司的财务人员。财务人员通常受领导指派进行涉案银行账户管理及钱款转出等具体操作，对资金流向清晰知晓，亦需要对单位犯罪承担责任，一般作为从犯处理。

二、高管人员是否一定要承担责任

高管是否承担责任并不是一个“一刀切”的认定，需要根据高管的主观意志、客观行为进行具体判断。

（一）由实际控制人决定实施的单位行为构成单位犯罪，高管是否应承担刑事责任

若实际控制人掌握决策权，绕过公司内部决策机构直接下达指令，公

司依据这一指令进行了犯罪活动,该情形下不知情的高管或者明确表示反对的高管当然不能为单位犯罪承担责任。

(二)由单位内部决策机构决定、同意实施的单位行为构成单位犯罪,决策机构成员是否应承担刑事责任

若相关指令是公司内部决策机构作出,体现了公司意志,但该集体意志并不代表单位内所有成员的共同意向,原因在于公司对某一事项表决通常只需获半数以上或2/3以上成员同意即可通过。假设某决策机构的成员在表决时明确提出反对,但该事项最终仍获多数成员同意通过,即便公司因此构成单位犯罪,该成员也不应为此承担刑事责任。又或者该成员同意的签名系公司伪造,其诚然也不为该单位犯罪承担责任。

(三)公司开展某项业务构成犯罪,负责其他业务的高管是否应承担刑事责任

在单位组织机构日益庞大、业务多线开展、分工逐渐明细的时代背景下,单位常会为其经营的不同业务分别配备相应的负责人。一般而言作为其他正常业务的负责高管,日常工作中与涉案项目并无交集,其承担相关刑事责任的风险较低。

(四)单位犯罪,挂名法定代表人是否应承担刑事责任

挂名法定代表人即公司"表面"的法定代表人,在现实中往往因其与公司实际控制人的亲属血缘关系而担任公司的法定代表人。但即便是挂名法定代表人,也存在为单位犯罪承担刑事责任的情形,具有较高的刑事法律风险。根据我国《刑法》的相关规定,只有证明该挂名法定代表人没有实际参与公司经营管理,未下达指令致使公司实施犯罪行为的情况下,挂名法定代表人才与单位的犯罪行为无关联,从而无须承担单位犯罪的刑事责任。

因此,高管人员是否需承担责任也是依据实际情况具体进行分析的,并没有所谓的"一定"要承担责任。

三、代持股东、离职高管是否需承担责任

面临行政处罚或刑事处罚时,个别私募机构高管人员以"出借从业资格帮助机构完成登记""挂名高管实际不参与日常经营管理""对于违法活动未参与且不知情""本人已离职"等理由申辩,这些理由是否能构成免责事由?

首先,从业人员通过出借基金从业资格、挂名担任私募机构高管人员等方式配合私募基金管理人向协会提供虚假登记备案信息,违反《私募投资基金监督管理暂行办法》《基金从业人员执业行为自律准则》等有关规定,是造成私募登记备案信息与实际情况严重不符的直接原因,属于协会重点防范和打击的不法行为,而非免责事由。

其次,个别高管在申辩中声称不了解所任职的机构经营情况、不实际参与工作等,表示对机构违规行为未参与且不知情。作为私募机构在协会登记的高管人员,在履职期限、履责权限内应当充分了解机构运营情况,通过充分且必要手段主动获取日常经营管理所需信息。面临违法行为责任追究,私募机构高管人员以不参与管理工作、不掌握公司经营情况等进行申辩,恰是高管人员怠于履职、违背高管人员勤勉义务要求的直接表现,更是监管部门依法作出相应处罚的重要原因,也不能构成刑事免责事由。

此外,个别私募机构高管以"已离职"为理由意图免责,同样无法得到监管部门认可,主要原因在于:一方面,私募机构离任高管仍应对其在该机构任职期限内的违法行为依法承担相应责任;另一方面,私募机构高管离任后,未及时变更私募登记公示高管信息,私募登记公示信息仍具有公信力,上述行为不仅影响私募登记信息真实有效性,也侵害了投资者以及社会公众的知情权,自然不能作为行业监管处罚或者刑事处罚的免责理由。

第四章

私募机构合规措施

一、事前的公司制度设立

私募公司在逐步扩张的过程中,难免会无法一一掌控每个基金管理人或员工的行为,在这种情况下,完备的制度体系是避免公司因个人违法行为而陷入刑事风险的重要措施。针对前述几个阶段,或者以划分部门的方式,依法制定公司内部合理的产品设立制度、底层资产的尽职调查制度、客户信息保护制度、审批制度、监督制度、奖励与惩罚制度、危机应对规则等,有利于层层追责,以确保公司的行为有章可循、有迹可循,并且在面对危机时可以及时应对。设立良好的公司制度可从以下几个方面着手。

(一)合理确立编写组织

无论是制定具有纲领性意义的企业合规管理办法,还是就某一业务、某一事项制定的专项合规管理办法、合规指引，企业均需系统化搭建制度编写组织、确定制度撰写成员，避免出现各业务部门自行制定合规制度并发布与适用的情况。

一般而言，合规管理部门是合规管理事项的牵头部门，可制定、授权制定、牵头制定各项合规制度。重大的合规制度还应当报合规委员会、董事会等高层机构审批通过。考虑到制度制定工作的专业性和重要性，建议具备条件的企业寻求律师事务所等外部咨询机构的专业支持。

(二)充分征求部门意见

征求业务部门特别是具体执行部门的意见，是合规制度有效落地的重要前提。相较于合规部门，业务部门是合规管理的“第一道防线”，直接承担着合规风险识别、初步合规审查等职责，对于具体业务的风险点及防控手段更加熟悉。参考执行部门的意见，能够增强合规制度的科学性。并且通过充分吸收各部门意见，能够提前识别和排除合规制度中难以执行的内容，增强合规制度的群众基础，避免让其他部门认为合规制度是法律合规部门撰写的制度、主要依靠法律合规部门执行，与其他部门关联性不大。

此外，征求意见的过程也是让其他部门了解、学习合规制度内容的过程，更有利于后续制度的执行落地。

(三)提供清晰的执行方法

实务中存在合规制度已经规定了岗位职责、防控措施、保障措施等内容，但具体执行人员仍无从下手的情况，其重要原因是制度没有配套细则或工作指引。一方面，企业可制定细化的合规手册，为员工提供行为指引；另一方面，企业应重视合规“留痕”工作，为员工提供合规标靶。

合规“留痕”工作包括制定合规审批单、规定合规文件的保存期限与方式等。以企业制定反商业贿赂合规办法为例，公司可以根据实际情况在该制度办法后附审批单，明确发生赞助、赠与等行为时需要审查的对象与职位、审批单位、金额、事由等内容。再如,针对印章管理的四项合规措施,该指引要求经办人员留存印章管理制度、用印使用审批记录、用印登记台账、加盖公章的文书复印件等合规“痕迹”。

(四)强化违规追责制度

违规责任追究是落实合规管理责任的直接体现,也是合规制度有效落地的重要抓手。合规制度落地即意味着管理层与员工遵守合规义务、正确履行合规职责。而违规责任追究机制使得员工(包括管理层)能够在事前清晰了解违反合规义务、违反合规制度的责任后果,从另一方面为员工提供了可预见的合规指引。违规责任追究制度的落地,离不开追责流程、追责情形、追责方式、救济程序等科学合理的制度设计。

二、事中的监督和管理

(一)加强对基金产品的风险排除

对基金产品的定期检查、波动情况进行汇报,对风险情况及时反馈与调查,是促进经营规模扩大的基石。在排查的过程中应当重点注意可能会构成犯罪的几个要点,如基金管理人对外宣传的方式、基金的底层资产、基金关联交易等。

(二)加强对员工的合规培训

定期进行员工培训是加强员工对特殊事件反应力的一种有效方式,也就是通常说的合规内训。合规内训的作用有两个:

一方面在于提升高级管理人以及基金管理人等员工的风险意识。专业知识属于业务能力,风险意识属于防控能力,两者需要相辅相成,员工的风险意识需要通过不停地培训、告知进行培养。

另一方面是作为公司有效推行合规制度的证明。在一些案件中,员工行为是否会直接导致公司产生责任,关键在于员工是否清晰地知道行为的违法违规性,这与公司是否已经全面地给员工进行了有效合理的披露和告知、公司是否对这种违法违规行为严令禁止紧密关联。

(三)加强对人员的分类管理

在公司的正常运营中,人员分类管理是重要的管理机制之一。决策权力、执行力、人力数量等情况在不同职级的员工之间体现的状况是不同的,所以不同人员之间管理制度理应存在差异,相应的风险筛查重点也不尽相同。

高级管理人员拥有较多的权力空间,同时意味着更高的刑事风险,对公司的影响也更严重。因此,对高级管理人员的风险筛查重点可能集中于决策的最终文件、与关联公司之间的交易、对外审批的资金使用等领域。

而针对一般员工筛查的重点则在正常业务过程中收到的外部文件是否真实、工作过程中的初步审查职能是否履行、是否存在与外部人员串通提供虚假材料的情况等。

三、事后的及时应对与教育整改

事后应对措施决定公司能否在发生刑事风险时抢占先机,从而尽量避免进入刑事流程。

(一)员工自身犯罪处理方案

对公司来说,员工本身涉及危害公司的犯罪,如职务侵占、挪用资金等,对公司本身的经营状况不会产生较大影响。公司此时应及时、迅速、高效地对内部人员架构进行调整,并对内部制度进一步修缮,尽快交接涉案员工工作内容,避免给公司客户留下公司不稳定的印象。

(二)公司或员工侵害第三方的犯罪处理方案

公司或公司员工实施危害第三方法益的犯罪行为,如非法吸收公众存款、操纵证券市场等,这种情况要求公司迅速给予反应,包括但不限于:

(1)通过法务部门或公司聘请的外部律师对事件进行全面审查,了解具体情况;

(2)配合公安部门的调查,在公安部门对公司数据进行调查期间适当地记录;

(3)及时有效地向公安机关保留自己的合法权利;

(4)积极向公安机关提供不构成犯罪的证据材料,对公安机关怀疑的事实做合理的解释;

(5)制订相应的危机处理计划避免给公司的运营造成巨大的影响。

事后处理的过程中一定要避免消极的等待行为,且证券相关的犯罪在进入刑事程序之前可能会先经行政程序,此时,在行政程序中能否提交有效的抗辩理由和证据对于刑事程序也十分关键。

(三)及时采取教育整改措施

公司发生行政或刑事风险后,甚至在某些风险初见端倪时,就应当及时就该风险内容作出整改,整改应当是系统化、全面化的。例如,出现非法集资的情况,发现是员工在宣传时有问题,仅是告诉员工纠正宣传时的问题是不够的,应当相应地调整相关的奖惩措施、培训频率、宣传制度、产品审核制度等,全面防范风险再发。

附 录

法律法规汇编

中华人民共和国公司法
（节录）（2023 年修订）

➢ 背信损害上市公司利益相关条文

第二十二条 公司的控股股东、实际控制人、董事、监事、高级管理人员不得利用关联关系损害公司利益。

违反前款规定，给公司造成损失的，应当承担赔偿责任。

第一百八十一条 董事、监事、高级管理人员不得有下列行为：

（一）侵占公司财产、挪用公司资金；

（二）将公司资金以其个人名义或者以其他个人名义开立账户存储；

（三）利用职权贿赂或者收受其他非法收入；

（四）接受他人与公司交易的佣金归为己有；

（五）擅自披露公司秘密；

（六）违反对公司忠实义务的其他行为。

中华人民共和国证券法
（节录）（2019 年修订）

➢ 欺诈发行相关条文

第十九条 发行人报送的证券发行申请文件，应当充分披露投资者作出价值判断和投资决策所必需的信息，内容应当真实、准确、完整。

为证券发行出具有关文件的证券服务机构和人员，必须严格履行法定职责，保证所出具文件的真实性、准确性和完整性。

第一百八十一条 发行人在其公告的证券发行文件中隐瞒重要事实或者编造重大虚假内容，尚未发行证券的，处以二百万元以上二千万元以下的罚款；已经发行证券的，处以非法所募资金金额百分之十以上一倍以下的罚款。对直接负责的主管人员和其他直接责任人员，处以一百万元以上一千万元以下的罚款。

发行人的控股股东、实际控制人组织、指使从事前款违法行为的，没收违法所得，并处以违法所得百分之十以上一倍以下的罚款；没有违法所得或者违法所得不足二千万元的，处以二百万元以上二千万元以下的罚款。对直接负责的主管人员和其他直接责任人员，处以一百万元以上一千万元以下的罚款。

➤ 违规披露、不披露重要信息相关条文

第七十八条 发行人及法律、行政法规和国务院证券监督管理机构规定的其他信息披露义务人，应当及时依法履行信息披露义务。

信息披露义务人披露的信息，应当真实、准确、完整，简明清晰，通俗易懂，不得有虚假记载、误导性陈述或者重大遗漏。

证券同时在境内境外公开发行、交易的，其信息披露义务人在境外披露的信息，应当在境内同时披露。

第八十五条 信息披露义务人未按照规定披露信息，或者公告的证券发行文件、定期报告、临时报告及其他信息披露资料存在虚假记载、误导性陈述或者重大遗漏，致使投资者在证券交易中遭受损失的，信息披露义务人应当承担赔偿责任；发行人的控股股东、实际控制人、董事、监事、高级管理人员和其他直接责任人员以及保荐人、承销的证券公司及其直接责任人

员，应当与发行人承担连带赔偿责任，但是能够证明自己没有过错的除外。

第一百九十七条 信息披露义务人未按照本法规定报送有关报告或者履行信息披露义务的，责令改正，给予警告，并处以五十万元以上五百万元以下的罚款；对直接负责的主管人员和其他直接责任人员给予警告，并处以二十万元以上二百万元以下的罚款。发行人的控股股东、实际控制人组织、指使从事上述违法行为，或者隐瞒相关事项导致发生上述情形的，处以五十万元以上五百万元以下的罚款；对直接负责的主管人员和其他直接责任人员，处以二十万元以上二百万元以下的罚款。

信息披露义务人报送的报告或者披露的信息有虚假记载、误导性陈述或者重大遗漏的，责令改正，给予警告，并处以一百万元以上一千万元以下的罚款；对直接负责的主管人员和其他直接责任人员给予警告，并处以五十万元以上五百万元以下的罚款。发行人的控股股东、实际控制人组织、指使从事上述违法行为，或者隐瞒相关事项导致发生上述情形的，处以一百万元以上一千万元以下的罚款；对直接负责的主管人员和其他直接责任人员，处以五十万元以上五百万元以下的罚款。

➢ 内幕交易相关条文

第四十条 为基金信息披露义务人公开披露的基金信息出具审计报告、法律意见书等文件的专业机构未勤勉尽责，所出具的文件有虚假记载、误导性陈述或者有重大遗漏的，依照《基金法》第一百四十三条进行处罚。

第五十三条 证券交易内幕信息的知情人和非法获取内幕信息的人，在内幕信息公开前，不得买卖该公司的证券，或者泄露该信息，或者建议他人买卖该证券。

持有或者通过协议、其他安排与他人共同持有公司百分之五以上股份的自然人、法人、非法人组织收购上市公司的股份，本法另有规定的，适用其规定。

内幕交易行为给投资者造成损失的,应当依法承担赔偿责任。

第一百九十一条第一款 证券交易内幕信息的知情人或者非法获取内幕信息的人违反本法第五十三条的规定从事内幕交易的,责令依法处理非法持有的证券,没收违法所得,并处以违法所得一倍以上十倍以下的罚款;没有违法所得或者违法所得不足五十万元的,处以五十万元以上五百万元以下的罚款。单位从事内幕交易的,还应当对直接负责的主管人员和其他直接责任人员给予警告,并处以二十万元以上二百万元以下的罚款。国务院证券监督管理机构工作人员从事内幕交易的,从重处罚。

违反本法第五十四条的规定,利用未公开信息进行交易的,依照前款的规定处罚。

➢ 利用未公开信息相关条文

第五十四条 禁止证券交易场所、证券公司、证券登记结算机构、证券服务机构和其他金融机构的从业人员、有关监管部门或者行业协会的工作人员,利用因职务便利获取的内幕信息以外的其他未公开的信息,违反规定,从事与该信息相关的证券交易活动,或者明示、暗示他人从事相关交易活动。

利用未公开信息进行交易给投资者造成损失的,应当依法承担赔偿责任。

第一百九十一条第二款 违反本法第五十四条的规定,利用未公开信息进行交易的,依照前款的规定处罚。

➢ 操纵证券、期货市场相关条文

第五十五条 禁止任何人以下列手段操纵证券市场,影响或者意图影响证券交易价格或者证券交易量:

(一)单独或者通过合谋,集中资金优势、持股优势或者利用信息优势联合或者连续买卖;

(二)与他人串通,以事先约定的时间、价格和方式相互进行证券交易;

(三)在自己实际控制的账户之间进行证券交易;

(四)不以成交为目的,频繁或者大量申报并撤销申报;

(五)利用虚假或者不确定的重大信息,诱导投资者进行证券交易;

(六)对证券、发行人公开作出评价、预测或者投资建议,并进行反向证券交易;

(七)利用在其他相关市场的活动操纵证券市场;

(八)操纵证券市场的其他手段。

操纵证券市场行为给投资者造成损失的,应当依法承担赔偿责任。

第一百九十二条　违反本法第五十五条的规定,操纵证券市场的,责令依法处理其非法持有的证券,没收违法所得,并处以违法所得一倍以上十倍以下的罚款;没有违法所得或者违法所得不足一百万元的,处以一百万元以上一千万元以下的罚款。单位操纵证券市场的,还应当对直接负责的主管人员和其他直接责任人员给予警告,并处以五十万元以上五百万元以下的罚款。

➢ 擅自发行股票、公司、企业债券相关条文

第九条　公开发行证券,必须符合法律、行政法规规定的条件,并依法报经国务院证券监督管理机构或者国务院授权的部门注册。未经依法注册,任何单位和个人不得公开发行证券。证券发行注册制的具体范围、实施步骤,由国务院规定。

有下列情形之一的,为公开发行:

(一)向不特定对象发行证券;

(二)向特定对象发行证券累计超过二百人,但依法实施员工持股计划的员工人数不计算在内;

(三)法律、行政法规规定的其他发行行为。

非公开发行证券，不得采用广告、公开劝诱和变相公开方式。

第一百八十条 违反本法第九条的规定，擅自公开或者变相公开发行证券的，责令停止发行，退还所募资金并加算银行同期存款利息，处以非法所募资金金额百分之五以上百分之五十以下的罚款；对擅自公开或者变相公开发行证券设立的公司，由依法履行监督管理职责的机构或者部门会同县级以上地方人民政府予以取缔。对直接负责的主管人员和其他直接责任人员给予警告，并处以五十万元以上五百万元以下的罚款。

➢ 编造并传播证券、期货交易虚假信息相关条文

第五十六条 禁止任何单位和个人编造、传播虚假信息或者误导性信息，扰乱证券市场。

禁止证券交易场所、证券公司、证券登记结算机构、证券服务机构及其从业人员，证券业协会、证券监督管理机构及其工作人员，在证券交易活动中作出虚假陈述或者信息误导。

各种传播媒介传播证券市场信息必须真实、客观，禁止误导。传播媒介及其从事证券市场信息报道的工作人员不得从事与其工作职责发生利益冲突的证券买卖。

编造、传播虚假信息或者误导性信息，扰乱证券市场，给投资者造成损失的，应当依法承担赔偿责任。

第一百九十三条 违反本法第五十六条第一款、第三款的规定，编造、传播虚假信息或者误导性信息，扰乱证券市场的，没收违法所得，并处以违法所得一倍以上十倍以下的罚款；没有违法所得或者违法所得不足二十万元的，处以二十万元以上二百万元以下的罚款。

违反本法第五十六条第二款的规定，在证券交易活动中作出虚假陈述或者信息误导的，责令改正，处以二十万元以上二百万元以下的罚款；属于国家工作人员的，还应当依法给予处分。

传播媒介及其从事证券市场信息报道的工作人员违反本法第五十六条第三款的规定，从事与其工作职责发生利益冲突的证券买卖的，没收违法所得，并处以买卖证券等值以下的罚款。

➢ 诱骗投资者买卖证券、期货合约相关条文

第二十九条　证券公司承销证券，应当对公开发行募集文件的真实性、准确性、完整性进行核查。发现有虚假记载、误导性陈述或者重大遗漏的，不得进行销售活动；已经销售的，必须立即停止销售活动，并采取纠正措施。

证券公司承销证券，不得有下列行为：

（一）进行虚假的或者误导投资者的广告宣传或者其他宣传推介活动；

（二）以不正当竞争手段招揽承销业务；

（三）其他违反证券承销业务规定的行为。

证券公司有前款所列行为，给其他证券承销机构或者投资者造成损失的，应当依法承担赔偿责任。

第一百八十四条　证券公司承销证券违反本法第二十九条规定的，责令改正，给予警告，没收违法所得，可以并处五十万元以上五百万元以下的罚款；情节严重的，暂停或者撤销相关业务许可。对直接负责的主管人员和其他直接责任人员给予警告，可以并处二十万元以上二百万元以下的罚款；情节严重的，并处以五十万元以上五百万元以下的罚款。

➢ 提供虚假证明文件罪、出具证明文件重大失实相关条文

第十九条　发行人报送的证券发行申请文件，应当充分披露投资者作出价值判断和投资决策所必需的信息，内容应当真实、准确、完整。

为证券发行出具有关文件的证券服务机构和人员，必须严格履行法定职责，保证所出具文件的真实性、准确性和完整性。

中华人民共和国证券投资基金法（节录）（2015年修正）

➢ 违规披露、不披露重大信息相关条文

第七十七条 公开披露基金信息，不得有下列行为：

（一）虚假记载、误导性陈述或者重大遗漏；

（二）对证券投资业绩进行预测；

（三）违规承诺收益或者承担损失；

（四）诋毁其他基金管理人、基金托管人或者基金销售机构；

（五）法律、行政法规和国务院证券监督管理机构规定禁止的其他行为。

第一百零六条 律师事务所、会计师事务所接受基金管理人、基金托管人的委托，为有关基金业务活动出具法律意见书、审计报告、内部控制评价报告等文件，应当勤勉尽责，对所依据的文件资料内容的真实性、准确性、完整性进行核查和验证。其制作、出具的文件有虚假记载、误导性陈述或者重大遗漏，给他人财产造成损失的，应当与委托人承担连带赔偿责任。

第一百三十一条 基金信息披露义务人不依法披露基金信息或者披露的信息有虚假记载、误导性陈述或者重大遗漏的，责令改正，没收违法所得，并处十万元以上一百万元以下罚款；对直接负责的主管人员和其他直接责任人员给予警告，暂停或者撤销基金从业资格，并处三万元以上三十万元以下罚款。

第一百四十三条 会计师事务所、律师事务所未勤勉尽责，所出具的

文件有虚假记载、误导性陈述或者重大遗漏的，责令改正，没收业务收入，暂停或者撤销相关业务许可，并处业务收入一倍以上五倍以下罚款。对直接负责的主管人员和其他直接责任人员给予警告，并处三万元以上十万元以下罚款。

➢ **利用未公开信息相关条文**

第二十条　公开募集基金的基金管理人及其董事、监事、高级管理人员和其他从业人员不得有下列行为：

……

（六）泄露因职务便利获取的未公开信息、利用该信息从事或者明示、暗示他人从事相关的交易活动。

最高人民检察院、公安部关于公安机关管辖的刑事案件立案追诉标准的规定（二）（节录）（2022年修订）

➢ **欺诈发行相关条文**

第五条　〔**欺诈发行证券案（刑法第一百六十条）**〕在招股说明书、认股书、公司、企业债券募集办法等发行文件中隐瞒重要事实或者编造重大虚假内容，发行股票或者公司、企业债券、存托凭证或者国务院依法认定的其他证券，涉嫌下列情形之一的，应予立案追诉：

（一）非法募集资金金额在一千万元以上的；

（二）虚增或者虚减资产达到当期资产总额百分之三十以上的；

（三）虚增或者虚减营业收入达到当期营业收入总额百分之三十以上的；

（四）虚增或者虚减利润达到当期利润总额百分之三十以上的；

（五）隐瞒或者编造的重大诉讼、仲裁、担保、关联交易或者其他重大事项所涉及的数额或者连续十二个月的累计数额达到最近一期披露的净资产百分之五十以上的；

（六）造成投资者直接经济损失数额累计在一百万元以上的；

（七）为欺诈发行证券而伪造、变造国家机关公文、有效证明文件或者相关凭证、单据的；

（八）为欺诈发行证券向负有金融监督管理职责的单位或者人员行贿的；

（九）募集的资金全部或者主要用于违法犯罪活动的；

（十）其他后果严重或者有其他严重情节的情形。

➢ 违规披露、不披露重要信息相关条文

第六条　〔违规披露、不披露重要信息案（刑法第一百六十一条）〕依法负有信息披露义务的公司、企业向股东和社会公众提供虚假的或者隐瞒重要事实的财务会计报告，或者对依法应当披露的其他重要信息不按照规定披露，涉嫌下列情形之一的，应予立案追诉：

（一）造成股东、债权人或者其他人直接经济损失数额累计在一百万元以上的；

（二）虚增或者虚减资产达到当期披露的资产总额百分之三十以上的；

（三）虚增或者虚减营业收入达到当期披露的营业收入总额百分之三十以上的；

（四）虚增或者虚减利润达到当期披露的利润总额百分之三十以上的；

（五）未按照规定披露的重大诉讼、仲裁、担保、关联交易或者其他重大

事项所涉及的数额或者连续十二个月的累计数额达到最近一期披露的净资产百分之五十以上的；

（六）致使不符合发行条件的公司、企业骗取发行核准或者注册并且上市交易的；

（七）致使公司、企业发行的股票或者公司、企业债券、存托凭证或者国务院依法认定的其他证券被终止上市交易的；

（八）在公司财务会计报告中将亏损披露为盈利，或者将盈利披露为亏损的；

（九）多次提供虚假的或者隐瞒重要事实的财务会计报告，或者多次对依法应当披露的其他重要信息不按照规定披露的；

（十）其他严重损害股东、债权人或者其他人利益，或者有其他严重情节的情形。

➢ 内幕交易、泄露内幕信息相关条文

第三十条 〔内幕交易、泄露内幕信息案（刑法第一百八十条第一款）〕证券、期货交易内幕信息的知情人员、单位或者非法获取证券、期货交易内幕信息的人员、单位，在涉及证券的发行，证券、期货交易或者其他对证券、期货交易价格有重大影响的信息尚未公开前，买入或者卖出该证券，或者从事与该内幕信息有关的期货交易，或者泄露该信息，或者明示、暗示他人从事上述交易活动，涉嫌下列情形之一的，应予立案追诉：

（一）获利或者避免损失数额在五十万元以上的；

（二）证券交易成交额在二百万元以上的；

（三）期货交易占用保证金数额在一百万元以上的；

（四）二年内三次以上实施内幕交易、泄露内幕信息行为的；

（五）明示、暗示三人以上从事与内幕信息相关的证券、期货交易活动的；

（六）具有其他严重情节的。

内幕交易获利或者避免损失数额在二十五万元以上，或者证券交易成交额在一百万元以上，或者期货交易占用保证金数额在五十万元以上，同时涉嫌下列情形之一的，应予立案追诉：

（一）证券法规定的证券交易内幕信息的知情人实施或者与他人共同实施内幕交易行为的；

（二）以出售或者变相出售内幕信息等方式，明示、暗示他人从事与该内幕信息相关的交易活动的；

（三）因证券、期货犯罪行为受过刑事追究的；

（四）二年内因证券、期货违法行为受过行政处罚的；

（五）造成其他严重后果的。

➢ 利用未公开信息相关条文

第三十一条 〔利用未公开信息交易案（刑法第一百八十条第四款）〕 证券交易所、期货交易所、证券公司、期货公司、基金管理公司、商业银行、保险公司等金融机构的从业人员以及有关监管部门或者行业协会的工作人员，利用因职务便利获取的内幕信息以外的其他未公开的信息，违反规定，从事与该信息相关的证券、期货交易活动，或者明示、暗示他人从事相关交易活动，涉嫌下列情形之一的，应予立案追诉：

（一）获利或者避免损失数额在一百万元以上的；

（二）二年内三次以上利用未公开信息交易的；

（三）明示、暗示三人以上从事相关交易活动的；

（四）具有其他严重情节的。

利用未公开信息交易，获利或者避免损失数额在五十万元以上，或者证券交易成交额在五百万元以上，或者期货交易占用保证金数额在一百万元以上，同时涉嫌下列情形之一的，应予立案追诉：

（一）以出售或者变相出售未公开信息等方式，明示、暗示他人从事相关交易活动的；

（二）因证券、期货犯罪行为受过刑事追究的；

（三）二年内因证券、期货违法行为受过行政处罚的；

（四）造成其他严重后果的。

➢ 操纵证券、期货市场相关条文

第三十四条　〔操纵证券、期货市场案（刑法第一百八十二条）〕操纵证券、期货市场，影响证券、期货交易价格或者证券、期货交易量，涉嫌下列情形之一的，应予立案追诉：

（一）持有或者实际控制证券的流通股份数量达到该证券的实际流通股份总量百分之十以上，实施刑法第一百八十二条第一款第一项操纵证券市场行为，连续十个交易日的累计成交量达到同期该证券总成交量百分之二十以上的；

（二）实施刑法第一百八十二条第一款第二项、第三项操纵证券市场行为，连续十个交易日的累计成交量达到同期该证券总成交量百分之二十以上的；

（三）利用虚假或者不确定的重大信息，诱导投资者进行证券交易，行为人进行相关证券交易的成交额在一千万元以上的；

（四）对证券、证券发行人公开作出评价、预测或者投资建议，同时进行反向证券交易，证券交易成交额在一千万元以上的；

（五）通过策划、实施资产收购或者重组、投资新业务、股权转让、上市公司收购等虚假重大事项，误导投资者作出投资决策，并进行相关交易或者谋取相关利益，证券交易成交额在一千万元以上的；

（六）通过控制发行人、上市公司信息的生成或者控制信息披露的内容、时点、节奏，误导投资者作出投资决策，并进行相关交易或者谋取相关利益，证券交易成交额在一千万元以上的；

（七）实施刑法第一百八十二条第一款第一项操纵期货市场行为，实际控制的账户合并持仓连续十个交易日的最高值超过期货交易所限仓标准的二倍，累计成交量达到同期该期货合约总成交量百分之二十以上，且期货交易占用保证金数额在五百万元以上的；

（八）通过囤积现货，影响特定期货品种市场行情，并进行相关期货交易，实际控制的账户合并持仓连续十个交易日的最高值超过期货交易所限仓标准的二倍，累计成交量达到同期该期货合约总成交量百分之二十以上，且期货交易占用保证金数额在五百万元以上的；

（九）实施刑法第一百八十二条第一款第二项、第三项操纵期货市场行为，实际控制的账户连续十个交易日的累计成交量达到同期该期货合约总成交量百分之二十以上，且期货交易占用保证金数额在五百万元以上的；

（十）利用虚假或者不确定的重大信息，诱导投资者进行期货交易，行为人进行相关期货交易，实际控制的账户连续十个交易日的累计成交量达到同期该期货合约总成交量百分之二十以上，且期货交易占用保证金数额在五百万元以上的；

（十一）对期货交易标的公开作出评价、预测或者投资建议，同时进行相关期货交易，实际控制的账户连续十个交易日的累计成交量达到同期该期货合约总成交量的百分之二十以上，且期货交易占用保证金数额在五百万元以上的；

（十二）不以成交为目的，频繁或者大量申报买入、卖出证券、期货合约并撤销申报，当日累计撤回申报量达到同期该证券、期货合约总申报量百分之五十以上，且证券撤回申报额在一千万元以上、撤回申报的期货合约占用保证金数额在五百万元以上的；

（十三）实施操纵证券、期货市场行为，获利或者避免损失数额在一百万元以上的。

操纵证券、期货市场，影响证券、期货交易价格或者证券、期货交易量，获利或者避免损失数额在五十万元以上，同时涉嫌下列情形之一的，应予立案追诉：

（一）发行人、上市公司及其董事、监事、高级管理人员、控股股东或者实际控制人实施操纵证券、期货市场行为的；

（二）收购人、重大资产重组的交易对方及其董事、监事、高级管理人员、控股股东或者实际控制人实施操纵证券、期货市场行为的；

（三）行为人明知操纵证券、期货市场行为被有关部门调查，仍继续实施的；

（四）因操纵证券、期货市场行为受过刑事追究的；

（五）二年内因操纵证券、期货市场行为受过行政处罚的；

（六）在市场出现重大异常波动等特定时段操纵证券、期货市场的；

（七）造成其他严重后果的。

对于在全国中小企业股份转让系统中实施操纵证券市场行为，社会危害性大，严重破坏公平公正的市场秩序的，比照本条的规定执行，但本条第一款第一项和第二项除外。

➢ 背信损害上市公司利益相关条文

第十三条　〔背信损害上市公司利益案（刑法第一百六十九条之一）〕 上市公司的董事、监事、高级管理人员违背对公司的忠实义务，利用职务便利，操纵上市公司从事损害上市公司利益的行为，以及上市公司的控股股东或者实际控制人，指使上市公司董事、监事、高级管理人员实施损害上市公司利益的行为，涉嫌下列情形之一的，应予立案追诉：

（一）无偿向其他单位或者个人提供资金、商品、服务或者其他资产，致使上市公司直接经济损失数额在一百五十万元以上的；

（二）以明显不公平的条件，提供或者接受资金、商品、服务或者其他资

产,致使上市公司直接经济损失数额在一百五十万元以上的;

(三)向明显不具有清偿能力的单位或者个人提供资金、商品、服务或者其他资产,致使上市公司直接经济损失数额在一百五十万元以上的;

(四)为明显不具有清偿能力的单位或者个人提供担保,或者无正当理由为其他单位或者个人提供担保,致使上市公司直接经济损失数额在一百五十万元以上的;

(五)无正当理由放弃债权、承担债务,致使上市公司直接经济损失数额在一百五十万元以上的;

(六)致使公司、企业发行的股票或者公司、企业债券、存托凭证或者国务院依法认定的其他证券被终止上市交易的;

(七)其他致使上市公司利益遭受重大损失的情形。

➢ 擅自发行股票、公司、企业债券相关条文

第二十九条 〔擅自发行股票、公司、企业债券案(刑法第一百七十九条)〕未经国家有关主管部门批准或者注册,擅自发行股票或者公司、企业债券,涉嫌下列情形之一的,应予立案追诉:

(一)非法募集资金金额在一百万元以上的;

(二)造成投资者直接经济损失数额累计在五十万元以上的;

(三)募集的资金全部或者主要用于违法犯罪活动的;

(四)其他后果严重或者有其他严重情节的情形。

本条规定的“擅自发行股票或者公司、企业债券”,是指向社会不特定对象发行、以转让股权等方式变相发行股票或者公司、企业债券,或者向特定对象发行、变相发行股票或者公司、企业债券累计超过二百人的行为。

➢ 编造并传播证券、期货交易虚假信息相关条文

第三十二条 〔编造并传播证券、期货交易虚假信息案(刑法第一百八

十一条第一款)〕编造并且传播影响证券、期货交易的虚假信息,扰乱证券、期货交易市场,涉嫌下列情形之一的,应予立案追诉:

(一)获利或者避免损失数额在五万元以上的;

(二)造成投资者直接经济损失数额在五十万元以上的;

(三)虽未达到上述数额标准,但多次编造并且传播影响证券、期货交易的虚假信息的;

(四)致使交易价格或者交易量异常波动的;

(五)造成其他严重后果的。

➢ 诱骗投资者买卖证券、期货合约相关条文

第三十三条　〔诱骗投资者买卖证券、期货合约案(刑法第一百八十一条第二款)〕证券交易所、期货交易所、证券公司、期货公司的从业人员,证券业协会、期货业协会或者证券期货监督管理部门的工作人员,故意提供虚假信息或者伪造、变造、销毁交易记录,诱骗投资者买卖证券、期货合约,涉嫌下列情形之一的,应予立案追诉:

(一)获利或者避免损失数额在五万元以上的;

(二)造成投资者直接经济损失数额在五十万元以上的;

(三)虽未达到上述数额标准,但多次诱骗投资者买卖证券、期货合约的;

(四)致使交易价格或者交易量异常波动的;

(五)造成其他严重后果的。

➢ 提供虚假证明文件罪、出具证明文件重大失实相关条文

第七十三条　〔提供虚假证明文件案(刑法第二百二十九条第一款)〕承担资产评估、验资、验证、会计、审计、法律服务、保荐、安全评价、环境影响评价、环境监测等职责的中介组织的人员故意提供虚假证明文件,涉嫌

下列情形之一的,应予立案追诉:

(一)给国家、公众或者其他投资者造成直接经济损失数额在五十万元以上的;

(二)违法所得数额在十万元以上的;

(三)虚假证明文件虚构数额在一百万元以上且占实际数额百分之三十以上的;

(四)虽未达到上述数额标准,但二年内因提供虚假证明文件受过二次以上行政处罚,又提供虚假证明文件的;

(五)其他情节严重的情形。

首次公开发行股票注册管理办法（节录）（2023 年公布）

➢ 欺诈发行相关条文

第六条 发行人应当诚实守信,依法充分披露投资者作出价值判断和投资决策所必需的信息,充分揭示当前及未来可预见的、对发行人构成重大不利影响的直接和间接风险,所披露信息必须真实、准确、完整,简明清晰、通俗易懂,不得有虚假记载、误导性陈述或者重大遗漏。

发行人应当按保荐人、证券服务机构要求,依法向其提供真实、准确、完整的财务会计资料和其他资料,配合相关机构开展尽职调查和其他相关工作。

发行人的控股股东、实际控制人、董事、监事、高级管理人员、有关股东应当配合相关机构开展尽职调查和其他相关工作,不得要求或者协助发行人隐瞒应当提供的资料或者应当披露的信息。

第三十一条　存在下列情形之一的，交易所或者中国证监会应当终止相应发行上市审核程序或者发行注册程序，并向发行人说明理由：

（一）发行人撤回注册申请或者保荐人撤销保荐；

（二）发行人未在要求的期限内对注册申请文件作出解释说明或者补充、修改；

（三）注册申请文件存在虚假记载、误导性陈述或者重大遗漏；

（四）发行人阻碍或者拒绝中国证监会、交易所依法对发行人实施检查、核查；

（五）发行人及其关联方以不正当手段严重干扰发行上市审核或者发行注册工作；

（六）发行人法人资格终止；

（七）注册申请文件内容存在重大缺陷，严重影响投资者理解和发行上市审核或者发行注册工作；

（八）发行人注册申请文件中记载的财务资料已过有效期且逾期三个月未更新；

（九）发行人发行上市审核程序中止超过交易所规定的时限或者发行注册程序中止超过三个月仍未恢复；

（十）交易所认为发行人不符合发行条件或者信息披露要求；

（十一）中国证监会规定的其他情形。

第三十四条　发行人申请首次公开发行股票并上市，应当按照中国证监会制定的信息披露规则，编制并披露招股说明书，保证相关信息真实、准确、完整。信息披露内容应当简明清晰，通俗易懂，不得有虚假记载、误导性陈述或者重大遗漏。

中国证监会制定的信息披露规则是信息披露的最低要求。不论上述规则是否有明确规定，凡是投资者作出价值判断和投资决策所必需的信息，发行人均应当充分披露，内容应当真实、准确、完整。

第五十八条 发行人在证券发行文件中隐瞒重要事实或者编造重大虚假内容的，中国证监会可以对有关责任人员采取证券市场禁入的措施。

第六十条 发行人的控股股东、实际控制人违反本办法规定，致使发行人所报送的注册申请文件和披露的信息存在虚假记载、误导性陈述或者重大遗漏，或者组织、指使发行人进行财务造假、利润操纵或者在证券发行文件中隐瞒重要事实或编造重大虚假内容的，中国证监会可以对有关责任人员采取证券市场禁入的措施。

发行人的董事、监事和高级管理人员及其他信息披露义务人违反本办法规定，致使发行人所报送的注册申请文件和披露的信息存在虚假记载、误导性陈述或者重大遗漏的，中国证监会视情节轻重，可以对有关责任人员采取责令改正、监管谈话、出具警示函等监管措施；情节严重的，可以采取证券市场禁入的措施。

第六十二条 证券服务机构未勤勉尽责，致使发行人信息披露资料中与其职责有关的内容及其所出具的文件存在虚假记载、误导性陈述或者重大遗漏的，中国证监会可以采取责令改正、监管谈话、出具警示函等监管措施；情节严重的，可以对有关责任人员采取证券市场禁入的措施。

上市公司证券发行注册管理办法
（节录）（2023 年公布）

➢ 欺诈发行相关条文

第七条 证券服务机构应当严格遵守法律法规、中国证监会制定的监管规则、业务规则和本行业公认的业务标准和道德规范，建立并保持有效的质量控制体系，保护投资者合法权益，审慎履行职责，作出专业判断与认定，保证所出具文件的真实性、准确性和完整性。

证券服务机构及其相关执业人员应当对与本专业相关的业务事项履行特别注意义务，对其他业务事项履行普通注意义务，并承担相应法律责任。

证券服务机构及其执业人员从事证券服务业务应当配合中国证监会的监督管理，在规定的期限内提供、报送或披露相关资料、信息，并保证其提供、报送或披露的资料、信息真实、准确、完整，不得有虚假记载、误导性陈述或者重大遗漏。

证券服务机构应当妥善保存客户委托文件、核查和验证资料、工作底稿以及与质量控制、内部管理、业务经营有关的信息和资料。

第三十八条　上市公司发行证券，应当以投资者决策需求为导向，按照中国证监会制定的信息披露规则，编制募集说明书或者其他信息披露文件，依法履行信息披露义务，保证相关信息真实、准确、完整。信息披露内容应当简明清晰，通俗易懂，不得有虚假记载、误导性陈述或者重大遗漏。

中国证监会制定的信息披露规则是信息披露的最低要求。不论上述规则是否有明确规定，凡是投资者作出价值判断和投资决策所必需的信息，上市公司均应当充分披露，内容应当真实、准确、完整。

第四十四条　上市公司及其董事、监事、高级管理人员应当在募集说明书或者其他证券发行信息披露文件上签字、盖章，保证信息披露内容真实、准确、完整，不存在虚假记载、误导性陈述或者重大遗漏，按照诚信原则履行承诺，并声明承担相应的法律责任。

上市公司控股股东、实际控制人应当在募集说明书或者其他证券发行信息披露文件上签字、盖章，确认信息披露内容真实、准确、完整，不存在虚假记载、误导性陈述或者重大遗漏，按照诚信原则履行承诺，并声明承担相应法律责任。

第七十一条 上市公司在证券发行文件中隐瞒重要事实或者编造重大虚假内容的,中国证监会可以对有关责任人员采取证券市场禁入的措施。

第七十三条 上市公司控股股东、实际控制人违反本办法的规定,致使上市公司所报送的申请文件和披露的信息存在虚假记载、误导性陈述或者重大遗漏,或者组织、指使上市公司进行财务造假、利润操纵或者在证券发行文件中隐瞒重要事实或者编造重大虚假内容的,中国证监会视情节轻重,可以对有关责任人员采取证券市场禁入的措施。

上市公司董事、监事和高级管理人员违反本办法规定,致使上市公司所报送的申请文件和披露的信息存在虚假记载、误导性陈述或者重大遗漏的,中国证监会视情节轻重,可以对有关责任人员采取责令改正、监管谈话、出具警示函等监管措施;情节严重的,可以采取证券市场禁入的措施。

第七十五条 证券服务机构未勤勉尽责,致使上市公司信息披露资料中与其职责有关的内容及其所出具的文件存在虚假记载、误导性陈述或者重大遗漏的,中国证监会视情节轻重,可以采取责令改正、监管谈话、出具警示函等监管措施;情节严重的,可以对有关责任人员采取证券市场禁入的措施。

存托凭证发行与交易管理办法（试行）（节录）（2023 年公布）

➢ 欺诈发行相关条文

第十六条 境外基础证券发行人及其控股股东、实际控制人等信息披露义务人应当依照《证券法》《若干意见》、中国证监会规定以及证券交易所业务规则，及时、公平地履行信息披露义务，所披露的信息必须真实、准确、完整，简明清晰，通俗易懂，不得有虚假记载、误导性陈述或者重大遗漏。

境外基础证券发行人的董事、监事、高级管理人员应当依照《证券法》《若干意见》、中国证监会规定以及证券交易所业务规则，忠实、勤勉地履行职责，保证境外基础证券发行人及时、公平地披露信息，所披露的信息真实、准确、完整。

证券交易所对境外基础证券发行人及其他信息披露义务人披露信息进行监督，督促其依法及时、准确地披露信息。

第四十八条　有下列行为的，中国证监会依据《证券法》相关规定进行行政处罚；构成犯罪的，依法追究刑事责任：

（一）未经中国证监会注册，擅自公开或者变相公开发行存托凭证；

（二）境外基础证券发行人在其公告的证券发行文件中隐瞒重要事实或者编造重大虚假内容；

（三）保荐人在存托凭证发行、上市中出具有虚假记载、误导性陈述或者重大遗漏的保荐书，或者不履行其他法定职责；

（四）境外基础证券发行人或者其他信息披露义务人未按照规定披露信息、报送有关报告，或者所披露的信息、报送的报告有虚假记载、误导性陈述或者重大遗漏；

（五）内幕信息知情人和非法获取内幕信息的人利用内幕信息买卖存托凭证、泄露内幕信息、建议他人买卖存托凭证；

（六）违反《证券法》的规定操纵存托凭证市场；

（七）证券服务机构在为存托凭证的发行、交易等证券业务活动提供服务中，未勤勉尽责，所制作、出具的文件有虚假记载、误导性陈述或者重大遗漏；

（八）法律、行政法规禁止参与股票交易的人员，直接或者以化名、借他人名义持有、买卖、接受他人赠送存托凭证；

（九）为存托凭证的发行出具审计报告、资产评估报告或者法律意见书等文件的证券服务机构及其从业人员，在该存托凭证承销期内和期满后六个月内，买卖该存托凭证；

（十）为境外基础证券发行人及其控股股东、实际控制人，或者收购人、重大资产交易方出具审计报告、资产评估报告或者法律意见书等文件的证券服务机构及其从业人员，自接受境外基础证券发行人委托之日起至上述文件公开后五日内，买卖该存托凭证；

（十一）境外基础证券发行人的董事、监事、高级管理人员、通过存托凭证或者其他方式持有境外基础证券发行人发行的百分之五以上股份的投资者，将其持有的存托凭证在买入后六个月内卖出，或者在卖出后六个月内又买入；

（十二）《证券法》规定的其他违法行为。

公司债券发行与交易管理办法（节录）（2023年公布）

➢ 欺诈发行相关条文

第四条 发行人及其他信息披露义务人应当及时、公平地履行披露义务，所披露或者报送的信息必须真实、准确、完整，简明清晰，通俗易懂，不得有虚假记载、误导性陈述或者重大遗漏。

第三十条 存在下列情形之一的，证券交易所或者中国证监会应当终止相应发行上市审核程序或者发行注册程序，并向发行人说明理由：

（一）发行人主动要求撤回申请或主承销商申请撤回所出具的核查意见；

（二）发行人未在要求的期限内对注册申请文件作出解释说明或者补充、修改；

（三）注册申请文件存在虚假记载、误导性陈述或重大遗漏；

（四）发行人阻碍或者拒绝中国证监会、证券交易所依法对发行人实施检查、核查；

（五）发行人及其关联方以不正当手段严重干扰发行上市审核或者发行注册工作；

（六）发行人法人资格终止；

（七）发行人注册申请文件内容存在重大缺陷，严重影响投资者理解和发行上市审核或者发行注册工作；

（八）发行人中止发行上市审核程序超过证券交易所规定的时限或者中止发行注册程序超过六个月仍未恢复；

（九）证券交易所认为发行人不符合发行条件或信息披露要求；

（十）中国证监会或证券交易所规定的其他情形。

上市公司信息披露管理办法（节录）（2021 年修订）

➢ 违规披露、不披露重要信息相关条文

第三条 信息披露义务人应当及时依法履行信息披露义务，披露的信息应当真实、准确、完整，简明清晰、通俗易懂，不得有虚假记载、误导性陈述或者重大遗漏。

信息披露义务人披露的信息应当同时向所有投资者披露，不得提前向任何单位和个人泄露。但是，法律、行政法规另有规定的除外。

在内幕信息依法披露前，内幕信息的知情人和非法获取内幕信息的人不得公开或者泄露该信息，不得利用该信息进行内幕交易。任何单位和个人不得非法要求信息披露义务人提供依法需要披露但尚未披露的信息。

证券及其衍生品种同时在境内境外公开发行、交易的，其信息披露义务人在境外市场披露的信息，应当同时在境内市场披露。

第四十三条 信息披露义务人应当向其聘用的证券公司、证券服务机构提供与执业相关的所有资料，并确保资料的真实、准确、完整，不得拒绝、隐匿、谎报。

证券公司、证券服务机构在为信息披露出具专项文件时，发现上市公司及其他信息披露义务人提供的材料有虚假记载、误导性陈述、重大遗漏或者其他重大违法行为的，应当要求其补充、纠正。信息披露义务人不予补充、纠正的，证券公司、证券服务机构应当及时向公司注册地证监局和证券交易所报告。

➢ 内幕交易、泄露内幕信息相关条文

第三条第三款 在内幕信息依法披露前，内幕信息的知情人和非法获取内幕信息的人不得公开或者泄露该信息，不得利用该信息进行内幕交易。任何单位和个人不得非法要求信息披露义务人提供依法需要披露但尚未披露的信息。

第四十八条 任何单位和个人不得非法获取、提供、传播上市公司的内幕信息，不得利用所获取的内幕信息买卖或者建议他人买卖公司证券及其衍生品种，不得在投资价值分析报告、研究报告等文件中使用内幕信息。

中国证券监督管理委员会公告〔2011〕11号——信息披露违法行为行政责任认定规则（节录）（2011年公布）

➢ 违规披露、不披露重要信息相关条文

第六条　在信息披露中保荐人、证券服务机构及其人员未勤勉尽责，或者制作、出具的文件有虚假记载、误导性陈述或者重大遗漏的，证监会依法认定其责任和予以行政处罚。

第八条　信息披露义务人在信息披露文件中对所披露内容进行不真实记载，包括发生业务不入账、虚构业务入账、不按照相关规定进行会计核算和编制财务会计报告，以及其他在信息披露中记载的事实与真实情况不符的，应当认定构成所披露的信息有虚假记载的信息披露违法行为。

上市公司重大资产重组管理办法（节录）（2023年修订）

➢ 违规披露、不披露重要信息相关条文

第四条　上市公司实施重大资产重组，有关各方必须及时、公平地披

露或者提供信息，保证所披露或者提供信息的真实、准确、完整，不得有虚假记载、误导性陈述或者重大遗漏。

第六条 为重大资产重组提供服务的证券服务机构和人员，应当遵守法律、行政法规和中国证监会的有关规定，以及证券交易所的相关规则，遵循本行业公认的业务标准和道德规范，诚实守信，勤勉尽责，严格履行职责，对其所制作、出具文件的真实性、准确性和完整性承担责任。

前款规定的证券服务机构和人员，不得教唆、协助或者伙同委托人编制或者披露存在虚假记载、误导性陈述或者重大遗漏的报告、公告文件，不得从事不正当竞争，不得利用上市公司重大资产重组谋取不正当利益。

第五十二条 上市公司或者其他信息披露义务人报送的报告或者披露的信息存在虚假记载、误导性陈述或者重大遗漏的，由中国证监会责令改正，依照《证券法》第一百九十七条予以处罚；情节严重的，可以责令暂停或者终止重组活动，并可以对有关责任人员采取证券市场禁入的措施；涉嫌犯罪的，依法移送司法机关追究刑事责任。

上市公司的控股股东、实际控制人组织、指使从事前款违法违规行为，或者隐瞒相关事项导致发生前款情形的，依照《证券法》第一百九十七条予以处罚；情节严重的，可以责令暂停或者终止重组活动，并可以对有关责任人员采取证券市场禁入的措施；涉嫌犯罪的，依法移送司法机关追究刑事责任。

重大资产重组的交易对方提供的信息有虚假记载、误导性陈述或者重大遗漏的，按照第一款规定执行。

第五十六条 为重大资产重组出具独立财务顾问报告、审计报告、法律意见书、资产评估报告、估值报告及其他专业文件的证券服务机构及其从业人员未履行诚实守信、勤勉尽责义务，违反中国证监会的有关规定、行业规范、业务规则，或者未依法履行报告和公告义务、持续督导义务的，由中国证监会责令改正，并可以采取监管谈话、出具警示函、责令公开说明、责令定期报告等监管措施；情节严重的，依法追究法律责任，并可以对有关责任人员采取证券市场禁入的措施。

前款规定的证券服务机构及其从业人员所制作、出具的文件存在虚假记载、误导性陈述或者重大遗漏的，由中国证监会责令改正，依照《证券法》第二百一十三条予以处罚；情节严重的，可以采取证券市场禁入的措施；涉嫌犯罪的，依法移送司法机关追究刑事责任。

➢ 内幕交易、泄露内幕信息相关条文

第四十一条　上市公司及其董事、监事、高级管理人员，重大资产重组的交易对方及其关联方，交易对方及其关联方的董事、监事、高级管理人员或者主要负责人，交易各方聘请的证券服务机构及其从业人员，参与重大资产重组筹划、论证、决策、审批等环节的相关机构和人员，以及因直系亲属关系、提供服务和业务往来等知悉或者可能知悉股价敏感信息的其他相关机构和人员，在重大资产重组的股价敏感信息依法披露前负有保密义务，禁止利用该信息进行内幕交易。

非上市公众公司信息披露管理办法（节录）（2021 年第二次修正）

➢ 违规披露、不披露重要信息相关条文

第三条　挂牌公司披露的信息，应当真实、准确、完整，简明清晰，通俗易懂，不得有虚假记载、误导性陈述或重大遗漏。

在境外市场发行股票及其他证券品种并上市的挂牌公司在境外市场披露的信息，应当同时在全国股转系统披露。

第五十条 挂牌公司及其董事、监事、高级管理人员、股东及其一致行动人、实际控制人，主办券商、证券服务机构未按照本办法规定履行报告义务，或者报送的报告有虚假记载、误导性陈述或者重大遗漏的，中国证监会依照《证券法》有关规定处罚。

➢ 内幕交易、泄露内幕信息相关条文

第六条 在内幕信息依法披露前，任何知情人不得公开或者泄露该信息，不得利用该信息进行交易。

第四十二条 任何机构和个人不得非法获取、提供、传播挂牌公司的内幕信息，不得利用所获取的内幕信息买卖或者建议他人买卖公司股票或其他证券品种，不得在投资价值分析报告、研究报告等文件中使用内幕信息。

第五十三条 任何机构和个人泄露挂牌公司内幕信息，或者利用内幕信息买卖股票及其他证券品种，中国证监会依照《证券法》有关规定处罚。

资产支持证券信息披露规则（节录）（2005 年公布）

➢ 违规披露、不披露重要信息相关条文

第三条 受托机构应保证信息披露真实、准确和完整，不得有虚假记载、误导性陈述和重大遗漏。

资产支持证券发起机构和接受受托机构委托为证券化提供服务的机构应按照信托合同和服务合同的约定，及时向受托机构提供有关信息报告，并保证所提供信息真实、准确和完整。

公开募集证券投资基金信息披露管理办法（节录）（2020年修正）

➢ 违规披露、不披露重要信息相关条文

第七条 公开披露基金信息，不得有下列行为：

（一）虚假记载、误导性陈述或者重大遗漏；

（二）对证券投资业绩进行预测；

（三）违规承诺收益或者承担损失；

（四）诋毁其他基金管理人、基金托管人或者基金销售机构；

（五）登载任何自然人、法人和非法人组织的祝贺性、恭维性或推荐性文字；

（六）中国证监会禁止的其他行为。

第四十条 为基金信息披露义务人公开披露的基金信息出具审计报告、法律意见书等文件的专业机构未勤勉尽责，所出具的文件有虚假记载、误导性陈述或者有重大遗漏的，依照《基金法》第一百四十三条进行处罚。

期货交易管理条例（节录）（2017年修订）

➢ 内幕交易、泄露内幕信息相关条文

第六十九条 期货交易内幕信息的知情人或者非法获取期货交易内

幕信息的人,在对期货交易价格有重大影响的信息尚未公开前,利用内幕信息从事期货交易,或者向他人泄露内幕信息,使他人利用内幕信息进行期货交易的,没收违法所得,并处违法所得 1 倍以上 5 倍以下的罚款;没有违法所得或者违法所得不满 10 万元的,处 10 万元以上 50 万元以下的罚款。单位从事内幕交易的,还应当对直接负责的主管人员和其他直接责任人员给予警告,并处 3 万元以上 30 万元以下的罚款。

国务院期货监督管理机构、期货交易所和期货保证金安全存管监控机构的工作人员进行内幕交易的,从重处罚。

➢ 编造并传播证券、期货交易虚假信息相关条文

第三十九条 任何单位或者个人不得编造、传播有关期货交易的虚假信息,不得恶意串通、联手买卖或者以其他方式操纵期货交易价格。

➢ 诱骗投资者买卖证券、期货合约相关条文

第二十六条 客户可以通过书面、电话、互联网或者国务院期货监督管理机构规定的其他方式,向期货公司下达交易指令。客户的交易指令应当明确、全面。

期货公司不得隐瞒重要事项或者使用其他不正当手段诱骗客户发出交易指令。

企业债券管理条例(节录)(2011 年修订)

➢ 擅自发行股票、公司、企业债券相关条文

第十一条 企业发行企业债券必须按照本条例的规定进行审批;未经

批准的，不得擅自发行和变相发行企业债券。

中央企业发行企业债券，由中国人民银行会同国家计划委员会审批；地方企业发行企业债券，由中国人民银行省、自治区、直辖市、计划单列市分行会同同级计划主管部门审批。

最高人民法院、最高人民检察院、公安部、中国证券监督管理委员会关于整治非法证券活动有关问题的通知（节录）（2008 年公布）

➢ 擅自发行股票、公司、企业债券相关条文

二、明确法律政策界限，依法打击非法证券活动

（一）关于公司及其股东向社会公众擅自转让股票行为的性质认定。《证券法》第十条第三款规定：“非公开发行证券，不得采用广告、公开劝诱和变相公开方式。”国办发 99 号文规定：“严禁任何公司股东自行或委托他人以公开方式向社会公众转让股票。向特定对象转让股票，未依法报经证监会核准的，转让后，公司股东累计不得超过 200 人。”公司、公司股东违反上述规定，擅自向社会公众转让股票，应当追究其擅自发行股票的责任。公司与其股东合谋，实施上述行为的，公司与其股东共同承担责任。

（二）关于擅自发行证券的责任追究。未经依法核准，擅自发行证券，涉嫌犯罪的，依照《刑法》第一百七十九条之规定，以擅自发行股票、公司、企业债券罪追究刑事责任。未经依法核准，以发行证券为幌子，实施非法证券活动，涉嫌犯罪的，依照《刑法》第一百七十六条、第一百九十二条等规

定,以非法吸收公众存款罪、集资诈骗罪等罪名追究刑事责任。未构成犯罪的,依照《证券法》和有关法律的规定给予行政处罚。

(三)关于非法经营证券业务的责任追究。任何单位和个人经营证券业务,必须经证监会批准。未经批准的,属于非法经营证券业务,应予以取缔;涉嫌犯罪的,依照《刑法》第二百二十五条之规定,以非法经营罪追究刑事责任。对于中介机构非法代理买卖非上市公司股票,涉嫌犯罪的,应当依照《刑法》第二百二十五条之规定,以非法经营罪追究刑事责任;所代理的非上市公司涉嫌擅自发行股票,构成犯罪的,应当依照《刑法》第一百七十九条之规定,以擅自发行股票罪追究刑事责任。非上市公司和中介机构共谋擅自发行股票,构成犯罪的,以擅自发行股票罪的共犯论处。未构成犯罪的,依照《证券法》和有关法律的规定给予行政处罚。

(四)关于非法证券活动性质的认定。非法证券活动是否涉嫌犯罪,由公安机关、司法机关认定。公安机关、司法机关认为需要有关行政主管机关进行性质认定的,行政主管机关应当出具认定意见。对因案情复杂、意见分歧,需要进行协调的,协调小组应当根据办案部门的要求,组织有关单位进行研究解决。

(五)关于修订后的《证券法》与修订前的《证券法》中针对擅自发行股票和非法经营证券业务规定的衔接。修订后的《证券法》与修订前的《证券法》针对擅自发行股票和非法经营证券业务的规定是一致的,是相互衔接的,因此在修订后的《证券法》实施之前发生的擅自发行股票和非法经营证券业务行为,也应予以追究。

(六)关于非法证券活动受害人的救济途径。根据 1998 年 3 月 25 日《国务院办公厅转发证监会关于清理整顿场外非法股票交易方案的通知》(国办发〔1998〕10 号)的规定,最高人民法院于 1998 年 12 月 4 日发布了《关于中止审理、中止执行涉及场外非法股票交易经济纠纷案件的通知》(法〔1998〕145 号),目的是为配合国家当时解决 STAQ、NET 交易系统发生的问题，而非针对目前非法证券活动所产生的纠纷。如果非法证券活动构成犯罪，被害人应当通过公安、司法机关刑事追赃程序追偿；如果非法证券活动仅是一般违法行为而没有构成犯罪，当事人符合民事诉讼法规定的起诉条件的，可以通过民事诉讼程序请求赔偿。

最高人民法院、最高人民检察院关于办理内幕交易、泄露内幕信息刑事案件具体应用法律若干问题的解释（2012 年公布）

为维护证券、期货市场管理秩序，依法惩治证券、期货犯罪，根据刑法有关规定，现就办理内幕交易、泄露内幕信息刑事案件具体应用法律的若干问题解释如下：

第一条　下列人员应当认定为刑法第一百八十条第一款规定的“证券、期货交易内幕信息的知情人员”：

（一）证券法第七十四条规定的人员；

（二）期货交易管理条例第八十五条第十二项规定的人员。

第二条　具有下列行为的人员应当认定为刑法第一百八十条第一款规定的“非法获取证券、期货交易内幕信息的人员”：

（一）利用窃取、骗取、套取、窃听、利诱、刺探或者私下交易等手段获取内幕信息的；

（二）内幕信息知情人员的近亲属或者其他与内幕信息知情人员关系密切的人员，在内幕信息敏感期内，从事或者明示、暗示他人从事，或者泄露内幕信息导致他人从事与该内幕信息有关的证券、期货交易，相关交易行为明显异常，且无正当理由或者正当信息来源的；

（三）在内幕信息敏感期内，与内幕信息知情人员联络、接触，从事或者明示、暗示他人从事，或者泄露内幕信息导致他人从事与该内幕信息有关的证券、期货交易，相关交易行为明显异常，且无正当理由或者正当信息来源的。

第三条 本解释第二条第二项、第三项规定的“相关交易行为明显异常”，要综合以下情形，从时间吻合程度、交易背离程度和利益关联程度等方面予以认定：

（一）开户、销户、激活资金账户或者指定交易（托管）、撤销指定交易（转托管）的时间与该内幕信息形成、变化、公开时间基本一致的；

（二）资金变化与该内幕信息形成、变化、公开时间基本一致的；

（三）买入或者卖出与内幕信息有关的证券、期货合约时间与内幕信息的形成、变化和公开时间基本一致的；

（四）买入或者卖出与内幕信息有关的证券、期货合约时间与获悉内幕信息的时间基本一致的；

（五）买入或者卖出证券、期货合约行为明显与平时交易习惯不同的；

（六）买入或者卖出证券、期货合约行为，或者集中持有证券、期货合约行为与该证券、期货公开信息反映的基本面明显背离的；

（七）账户交易资金进出与该内幕信息知情人员或者非法获取人员有关联或者利害关系的；

（八）其他交易行为明显异常情形。

第四条 具有下列情形之一的，不属于刑法第一百八十条第一款规定的从事与内幕信息有关的证券、期货交易：

（一）持有或者通过协议、其他安排与他人共同持有上市公司百分之五以上股份的自然人、法人或者其他组织收购该上市公司股份的；

（二）按照事先订立的书面合同、指令、计划从事相关证券、期货交易的；

（三）依据已被他人披露的信息而交易的；

（四）交易具有其他正当理由或者正当信息来源的。

第五条　本解释所称“内幕信息敏感期”是指内幕信息自形成至公开的期间。

证券法第六十七条第二款所列“重大事件”的发生时间，第七十五条规定的“计划”、“方案”以及期货交易管理条例第八十五条第十一项规定的“政策”、“决定”等的形成时间，应当认定为内幕信息的形成之时。

影响内幕信息形成的动议、筹划、决策或者执行人员，其动议、筹划、决策或者执行初始时间，应当认定为内幕信息的形成之时。

内幕信息的公开，是指内幕信息在国务院证券、期货监督管理机构指定的报刊、网站等媒体披露。

第六条　在内幕信息敏感期内从事或者明示、暗示他人从事或者泄露内幕信息导致他人从事与该内幕信息有关的证券、期货交易，具有下列情形之一的，应当认定为刑法第一百八十条第一款规定的“情节严重”：

（一）证券交易成交额在五十万元以上的；

（二）期货交易占用保证金数额在三十万元以上的；

（三）获利或者避免损失数额在十五万元以上的；

（四）三次以上的；

（五）具有其他严重情节的。

第七条　在内幕信息敏感期内从事或者明示、暗示他人从事或者泄露内幕信息导致他人从事与该内幕信息有关的证券、期货交易，具有下列情形之一的，应当认定为刑法第一百八十条第一款规定的“情节特别严重”：

（一）证券交易成交额在二百五十万元以上的；

（二）期货交易占用保证金数额在一百五十万元以上的；

（三）获利或者避免损失数额在七十五万元以上的；

（四）具有其他特别严重情节的。

第八条 二次以上实施内幕交易或者泄露内幕信息行为，未经行政处理或者刑事处理的，应当对相关交易数额依法累计计算。

第九条 同一案件中，成交额、占用保证金额、获利或者避免损失额分别构成情节严重、情节特别严重的，按照处罚较重的数额定罪处罚。

构成共同犯罪的，按照共同犯罪行为人的成交总额、占用保证金总额、获利或者避免损失总额定罪处罚，但判处各被告人罚金的总额应掌握在获利或者避免损失总额的一倍以上五倍以下。

第十条 刑法第一百八十条第一款规定的“违法所得”，是指通过内幕交易行为所获利益或者避免的损失。

内幕信息的泄露人员或者内幕交易的明示、暗示人员未实际从事内幕交易的，其罚金数额按照因泄露而获悉内幕信息人员或者被明示、暗示人员从事内幕交易的违法所得计算。

第十一条 单位实施刑法第一百八十条第一款规定的行为，具有本解释第六条规定情形之一的，按照刑法第一百八十条第二款的规定定罪处罚。

最高人民法院、最高人民检察院关于办理利用未公开信息交易刑事案件适用法律若干问题的解释

（2019 年公布）

为依法惩治证券、期货犯罪，维护证券、期货市场管理秩序，促进证券、期货市场稳定健康发展，保护投资者合法权益，根据《中华人民共和国刑

法》《中华人民共和国刑事诉讼法》的规定，现就办理利用未公开信息交易刑事案件适用法律的若干问题解释如下：

第一条　刑法第一百八十条第四款规定的“内幕信息以外的其他未公开的信息”，包括下列信息：

（一）证券、期货的投资决策、交易执行信息；

（二）证券持仓数量及变化、资金数量及变化、交易动向信息；

（三）其他可能影响证券、期货交易活动的信息。

第二条　内幕信息以外的其他未公开的信息难以认定的，司法机关可以在有关行政主（监）管部门的认定意见的基础上，根据案件事实和法律规定作出认定。

第三条　刑法第一百八十条第四款规定的“违反规定”，是指违反法律、行政法规、部门规章、全国性行业规范有关证券、期货未公开信息保护的规定，以及行为人所在的金融机构有关信息保密、禁止交易、禁止利益输送等规定。

第四条　刑法第一百八十条第四款规定的行为人“明示、暗示他人从事相关交易活动”，应当综合以下方面进行认定：

（一）行为人具有获取未公开信息的职务便利；

（二）行为人获取未公开信息的初始时间与他人从事相关交易活动的初始时间具有关联性；

（三）行为人与他人之间具有亲友关系、利益关联、交易终端关联等关联关系；

（四）他人从事相关交易的证券、期货品种、交易时间与未公开信息所涉证券、期货品种、交易时间等方面基本一致；

（五）他人从事的相关交易活动明显不具有符合交易习惯、专业判断等正当理由；

（六）行为人对明示、暗示他人从事相关交易活动没有合理解释。

第五条 利用未公开信息交易,具有下列情形之一的,应当认定为刑法第一百八十条第四款规定的“情节严重”:

(一)违法所得数额在一百万元以上的;

(二)二年内三次以上利用未公开信息交易的;

(三)明示、暗示三人以上从事相关交易活动的。

第六条 利用未公开信息交易,违法所得数额在五十万元以上,或者证券交易成交额在五百万元以上,或者期货交易占用保证金数额在一百万元以上,具有下列情形之一的,应当认定为刑法第一百八十条第四款规定的“情节严重”:

(一)以出售或者变相出售未公开信息等方式,明示、暗示他人从事相关交易活动的;

(二)因证券、期货犯罪行为受过刑事追究的;

(三)二年内因证券、期货违法行为受过行政处罚的;

(四)造成恶劣社会影响或者其他严重后果的。

第七条 刑法第一百八十条第四款规定的“依照第一款的规定处罚”,包括该条第一款关于“情节特别严重”的规定。

利用未公开信息交易,违法所得数额在一千万元以上的,应当认定为“情节特别严重”。

违法所得数额在五百万元以上,或者证券交易成交额在五千万元以上,或者期货交易占用保证金数额在一千万元以上,具有本解释第六条规定的四种情形之一的,应当认定为“情节特别严重”。

第八条 二次以上利用未公开信息交易,依法应予行政处理或者刑事处理而未经处理的,相关交易数额或者违法所得数额累计计算。

第九条 本解释所称“违法所得”,是指行为人利用未公开信息从事与该信息相关的证券、期货交易活动所获利益或者避免的损失。

行为人明示、暗示他人利用未公开信息从事相关交易活动,被明示、暗示人员从事相关交易活动所获利益或者避免的损失，应当认定为“违法所得”。

第十条　行为人未实际从事与未公开信息相关的证券、期货交易活动的，其罚金数额按照被明示、暗示人员从事相关交易活动的违法所得计算。

第十一条　符合本解释第五条、第六条规定的标准，行为人如实供述犯罪事实，认罪悔罪，并积极配合调查，退缴违法所得的，可以从轻处罚；其中犯罪情节轻微的，可以依法不起诉或者免予刑事处罚。

符合刑事诉讼法规定的认罪认罚从宽适用范围和条件的，依照刑事诉讼法的规定处理。

第十二条　本解释自 2019 年 7 月 1 日起施行。

最高人民法院、最高人民检察院关于办理操纵证券、期货市场刑事案件适用法律若干问题的解释（2019 年公布）

为依法惩治证券、期货犯罪，维护证券、期货市场管理秩序，促进证券、期货市场稳定健康发展，保护投资者合法权益，根据《中华人民共和国刑法》《中华人民共和国刑事诉讼法》的规定，现就办理操纵证券、期货市场刑事案件适用法律的若干问题解释如下：

第一条　行为人具有下列情形之一的，可以认定为刑法第一百八十二条第一款第四项规定的“以其他方法操纵证券、期货市场”：

（一）利用虚假或者不确定的重大信息，诱导投资者作出投资决策，影响证券、期货交易价格或者证券、期货交易量，并进行相关交易或者谋取相关利益的；

（二）通过对证券及其发行人、上市公司、期货交易标的公开作出评价、预测或者投资建议，误导投资者作出投资决策，影响证券、期货交易价格或者证券、期货交易量，并进行与其评价、预测、投资建议方向相反的证券交易或者相关期货交易的；

（三）通过策划、实施资产收购或者重组、投资新业务、股权转让、上市公司收购等虚假重大事项，误导投资者作出投资决策，影响证券交易价格或者证券交易量，并进行相关交易或者谋取相关利益的；

（四）通过控制发行人、上市公司信息的生成或者控制信息披露的内容、时点、节奏，误导投资者作出投资决策，影响证券交易价格或者证券交易量，并进行相关交易或者谋取相关利益的；

（五）不以成交为目的，频繁申报、撤单或者大额申报、撤单，误导投资者作出投资决策，影响证券、期货交易价格或者证券、期货交易量，并进行与申报相反的交易或者谋取相关利益的；

（六）通过囤积现货，影响特定期货品种市场行情，并进行相关期货交易的；

（七）以其他方法操纵证券、期货市场的。

第二条 操纵证券、期货市场，具有下列情形之一的，应当认定为刑法第一百八十二条第一款规定的“情节严重”：

（一）持有或者实际控制证券的流通股份数量达到该证券的实际流通股份总量百分之十以上，实施刑法第一百八十二条第一款第一项操纵证券市场行为，连续十个交易日的累计成交量达到同期该证券总成交量百分之二十以上的；

（二）实施刑法第一百八十二条第一款第二项、第三项操纵证券市场行为，连续十个交易日的累计成交量达到同期该证券总成交量百分之二十以上的；

（三）实施本解释第一条第一项至第四项操纵证券市场行为，证券交易成交额在一千万元以上的；

（四）实施刑法第一百八十二条第一款第一项及本解释第一条第六项操纵期货市场行为，实际控制的账户合并持仓连续十个交易日的最高值超过期货交易所限仓标准的二倍，累计成交量达到同期该期货合约总成交量百分之二十以上，且期货交易占用保证金数额在五百万元以上的；

（五）实施刑法第一百八十二条第一款第二项、第三项及本解释第一条第一项、第二项操纵期货市场行为，实际控制的账户连续十个交易日的累计成交量达到同期该期货合约总成交量百分之二十以上，且期货交易占用保证金数额在五百万元以上的；

（六）实施本解释第一条第五项操纵证券、期货市场行为，当日累计撤回申报量达到同期该证券、期货合约总申报量百分之五十以上，且证券撤回申报额在一千万元以上、撤回申报的期货合约占用保证金数额在五百万元以上的；

（七）实施操纵证券、期货市场行为，违法所得数额在一百万元以上的。

第三条　操纵证券、期货市场，违法所得数额在五十万元以上，具有下列情形之一的，应当认定为刑法第一百八十二条第一款规定的“情节严重”：

（一）发行人、上市公司及其董事、监事、高级管理人员、控股股东或者实际控制人实施操纵证券、期货市场行为的；

（二）收购人、重大资产重组的交易对方及其董事、监事、高级管理人员、控股股东或者实际控制人实施操纵证券、期货市场行为的；

（三）行为人明知操纵证券、期货市场行为被有关部门调查，仍继续实施的；

（四）因操纵证券、期货市场行为受过刑事追究的；

（五）二年内因操纵证券、期货市场行为受过行政处罚的；

（六）在市场出现重大异常波动等特定时段操纵证券、期货市场的；

（七）造成恶劣社会影响或者其他严重后果的。

第四条 具有下列情形之一的，应当认定为刑法第一百八十二条第一款规定的“情节特别严重”：

（一）持有或者实际控制证券的流通股份数量达到该证券的实际流通股份总量百分之十以上，实施刑法第一百八十二条第一款第一项操纵证券市场行为，连续十个交易日的累计成交量达到同期该证券总成交量百分之五十以上的；

（二）实施刑法第一百八十二条第一款第二项、第三项操纵证券市场行为，连续十个交易日的累计成交量达到同期该证券总成交量百分之五十以上的；

（三）实施本解释第一条第一项至第四项操纵证券市场行为，证券交易成交额在五千万元以上的；

（四）实施刑法第一百八十二条第一款第一项及本解释第一条第六项操纵期货市场行为，实际控制的账户合并持仓连续十个交易日的最高值超过期货交易所限仓标准的五倍，累计成交量达到同期该期货合约总成交量百分之五十以上，且期货交易占用保证金数额在二千五百万元以上的；

（五）实施刑法第一百八十二条第一款第二项、第三项及本解释第一条第一项、第二项操纵期货市场行为，实际控制的账户连续十个交易日的累计成交量达到同期该期货合约总成交量百分之五十以上，且期货交易占用保证金数额在二千五百万元以上的；

（六）实施操纵证券、期货市场行为，违法所得数额在一千万元以上的。

实施操纵证券、期货市场行为，违法所得数额在五百万元以上，并具有本解释第三条规定的七种情形之一的，应当认定为“情节特别严重”。

第五条 下列账户应当认定为刑法第一百八十二条中规定的“自己实际控制的账户”：

（一）行为人以自己名义开户并使用的实名账户；

（二）行为人向账户转入或者从账户转出资金，并承担实际损益的他人账户；

（三）行为人通过第一项、第二项以外的方式管理、支配或者使用的他人账户；

（四）行为人通过投资关系、协议等方式对账户内资产行使交易决策权的他人账户；

（五）其他有证据证明行为人具有交易决策权的账户。

有证据证明行为人对前款第一项至第三项账户内资产没有交易决策权的除外。

第六条　二次以上实施操纵证券、期货市场行为，依法应予行政处理或者刑事处理而未经处理的，相关交易数额或者违法所得数额累计计算。

第七条　符合本解释第二条、第三条规定的标准，行为人如实供述犯罪事实，认罪悔罪，并积极配合调查，退缴违法所得的，可以从轻处罚；其中犯罪情节轻微的，可以依法不起诉或者免予刑事处罚。

符合刑事诉讼法规定的认罪认罚从宽适用范围和条件的，依照刑事诉讼法的规定处理。

第八条　单位实施刑法第一百八十二条第一款行为的，依照本解释规定的定罪量刑标准，对其直接负责的主管人员和其他直接责任人员定罪处罚，并对单位判处罚金。

第九条　本解释所称"违法所得"，是指通过操纵证券、期货市场所获利益或者避免的损失。

本解释所称"连续十个交易日"，是指证券、期货市场开市交易的连续十个交易日，并非指行为人连续交易的十个交易日。

第十条　对于在全国中小企业股份转让系统中实施操纵证券市场行为，社会危害性大，严重破坏公平公正的市场秩序的，比照本解释的规定执行,但本解释第二条第一项、第二项和第四条第一项、第二项除外。

第十一条 本解释自2019年7月1日起施行。

证券市场操纵行为认定指引（试行）（2007年公布）[①]

第一章 总 则

第一条 为规范证券市场操纵行为的认定工作,有效打击和防范证券市场操纵行为,维护证券市场秩序,依据《中华人民共和国证券法》(以下简称《证券法》)及其他法律、行政法规和规章的相关规定,结合我国证券市场实际,制定本指引。

第二条 本指引所称证券市场操纵行为(以下简称"操纵行为"),是指行为人以不正当手段,影响证券交易价格或者证券交易量,扰乱证券市场秩序的行为。

第三条 证券执法人员应当依据法律、法规和规章规定的程序,遵循专业标准和职业道德,运用逻辑推理和生活经验,全面、客观、公正地审核证据,确认事实,准确适用法律。

第四条 本指引是证券行政执法的指导性文件,供中国证券监督管理委员会(以下简称"中国证监会")使用。

证券交易所市场发行、上市的证券发生操纵行为的认定,适用本指引;国务院批准的其他证券交易场所发生的操纵行为的认定,参照本指

① 现已失效,实务中仍具有参考意义。

引执行。

第二章　操纵行为人认定

第五条　任何人直接或间接实施操纵行为,均可认定为操纵行为人。

本指引所称任何人,是指在证券市场上从事证券交易活动的任何自然人和单位。

本指引所称单位,是指法人和其他非法人组织,包括公司、企业、事业单位、机关和社会团体等。

第六条　以单位名义操纵证券市场、违法所得归单位所有的,应认定单位为操纵行为人。

第七条　单位操纵证券市场的,直接负责的主管人员和其他直接责任人员按照下列规定认定:

(一)直接负责的主管人员,是指在单位操纵市场中起决定、批准、授意、纵容、指挥等作用的人员,一般是单位的主管负责人,包括法定代表人。

(二)其他直接责任人员,是指在单位操纵市场中具体实施操纵市场行为并起较大作用的人员,既可以是单位的经营管理人员,也可以是单位的职工,包括聘用、雇佣的人员。

第八条　利用他人账户操纵证券市场的,利用人为操纵行为人。

具有下列情形之一的,可认定为前款所称利用他人账户:

(一)直接或间接提供证券或资金给他人购买证券,且该他人所持有证券之利益或损失,全部或部分归属于本人;

(二)对他人持有的证券具有管理、使用和处分的权益。

第九条　个人利用其设立的公司、企业、事业单位操纵证券市场的,或者公司、企业、事业单位设立后以操纵证券市场作为主要活动的,应认定设立公司、企业、事业单位的个人为操纵行为人。

第十条　盗用单位名义操纵证券市场的,应认定个人为操纵行为人。

第十一条 证券公司明知投资人操纵证券市场,向其提供资金、账户等协助的,可认定为合谋操纵市场。

第十二条 管理人或受托人等以投资基金、社保基金、保险品种、企业年金、信托计划、投资理财计划等实施操纵行为的,应当认定管理人或受托人等为操纵行为人。

第三章 操纵手段认定

第一节 一般规定

第十三条 本指引所称操纵手段,是指《证券法》第七十七条第一款第(一)项、第(二)项、第(三)项和第(四)项所列示的操纵证券市场的手段。

第十四条 本指引所称影响证券交易价格或者证券交易量,是指行为人的行为致使证券交易价格异常或形成虚拟的价格水平,或者行为人的行为致使证券交易量异常或形成虚拟的交易量水平。

前款所称致使,是指行为人的行为是证券交易价格异常或形成虚拟的价格水平、或者证券交易量异常或形成虚拟的交易量水平的重要原因。

行为人的行为致使证券交易出现下列情形之一的,可认定为影响证券交易价格或者证券交易量:

(一)致使新股或其他证券上市首日出现交易异常的;

(二)致使相关证券当日价格达涨幅限制价位或跌幅限制价位或形成虚拟的价格水平,或者致使相关证券当日交易量异常放大或萎缩或形成虚拟的交易量水平的;

(三)致使相关证券的价格走势明显偏离可比指数的;

(四)致使相关证券的价格走势明显偏离发行人基本面情况的;

(五)证券交易所交易规则规定的影响证券交易价格或者证券交易量的情形;

(六)中国证监会认定的影响证券交易价格或者证券交易量的其他情形。

前款第(一)项至第(四)项所称异常、虚拟的价格水平、虚拟的交易量水平和明显偏离等,可以结合专家委员会或证券交易所的意见认定。

第十五条　证券执法人员可以根据证券市场有关状况或证券市场发展规律,依据普遍的经验法则和证券市场常识,对行为人的行为是否是证券交易价格或者证券交易量变动的重要原因进行判断,并说明判断的依据和结果。

第二节　连续交易操纵认定

第十六条　本指引所称连续交易操纵,是指《证券法》第七十七条第一款第(一)项所列示的操纵证券市场的手段,即单独或者通过合谋,集中资金优势、持股优势或者利用信息优势联合或者连续买卖,操纵证券交易价格或者证券交易量。

第十七条　本指引所称资金优势,是指行为人为买卖证券所集中的资金相对于市场上一般投资者所能集中的资金具有数量上的优势。

证券执法人员可以对行为人在行为期间动用的资金量及其所占相关证券的成交量的比例、同期市场交易活跃程度以及投资者参与交易状况等因素综合地分析判断,认定行为人是否具有资金优势。

第十八条　持股优势,是指行为人持有证券相对于市场上一般投资者具有数量上的优势。

证券执法人员可以对行为人在行为期间持有实际流通股份的总量及其所占相关证券的实际流通股份总量的比例、同期相关证券的投资者持股状况等因素综合分析判断,认定行为人是否具有持股优势。

第十九条　信息优势,是指行为人相对于市场上一般投资者对标的证券及其相关事项的重大信息具有获取或者了解更易、更早、更准确、更完整的优势。

前款所称重大信息，是指能够对具有一般证券市场知识的理性投资者的投资决策产生影响的事实或评价。下列信息属于重大信息：

（一）《证券法》第六十五条、第六十六条、第六十七条、第七十五条及相关规定所称中期报告、年度报告、重大事件和内幕信息等；

（二）对证券市场有重大影响的经济政策、金融政策；

（三）对证券市场有显著影响的证券交易信息；

（四）在证券市场上具有重要影响的投资者或者证券经营机构的信息；

（五）中国证监会或证券交易所认定的重大信息。

第二十条 联合买卖，是指 2 个以上行为人，约定在某一时段内一起买入或卖出某种证券。

行为人之间形成决议或决定或协议的，应认定行为人具有联合买卖的意图。行为人之间虽没有决议或决定或协议，但行为人之间在资金、股权、身份等方面具有关联关系的，可以认定行为人具有联合买卖的意图。

符合下列情形之一的，可认定为联合买卖：

（一）2 个以上行为人按照事先的约定，在某一时段内一起买入或者相继买入某种证券的；

（二）2 个以上行为人按照事先的约定，在某一时段内一起卖出或者相继卖出某种证券的；

（三）2 个以上行为人按照事先的约定，在某一时段内其中一个或数个行为人一起买入或相继买入而其他行为人一起卖出或相继卖出某种证券的。

本条所称买卖，包括未成交的买卖申报，不限于实际成交的买入或卖出交易。

第二十一条 连续买卖，是指行为人在某一时段内连续买卖某种证券。在 1 个交易日内交易某一证券 2 次以上，或在 2 个交易日内交易某一证券3次以上的,即构成连续买卖。

本条所称买卖,包括未成交的买卖申报,不限于实际成交的买入或卖出交易。

第二十二条　具有下列情形的,可以认定为连续交易操纵:

(一)集中资金优势、持股优势或者利用信息优势;

(二)联合买卖证券或者连续买卖证券;

(三)影响证券交易价格或证券交易量。

单一的行为人集中资金优势、持股优势或者利用信息优势连续买卖,操纵证券交易价格或者证券交易量的,是单一行为人连续交易操纵。2个以上行为人通过合谋,集中资金优势、持股优势或者利用信息优势,联合或者连续买卖,操纵证券交易价格或者证券交易量的,是合谋的连续交易操纵。

第三节　约定交易操纵认定

第二十三条　本指引所称约定交易操纵,是指《证券法》第七十七条第一款第(二)项所列示的操纵证券市场的手段,即与他人串通,以事先约定的时间、价格和方式相互进行证券交易,影响证券交易价格或者证券交易量。

第二十四条　与他人串通,是指2个以上行为人为了操纵证券市场,达成共同的意思联络。

第二十五条　以事先约定的时间、价格和方式相互进行证券交易,是指2个以上行为人共同实施的、由一方做出交易委托,而另一方依据事先的约定做出时间相近、价格相近、数量相近、买卖方向相反的委托,双方相互之间进行的证券交易。

约定的时间,是指2个以上行为人约定的进行交易的时间。买入申报和卖出申报在时间上相近,就可以构成约定交易的时间要件的充分条件。

约定的价格，是指2个以上行为人约定的进行交易的申报价格。买入申报和卖出申报在价格上相近，就可以构成约定交易的价格要件的充分条件。

约定的方式，是指2个以上行为人约定的进行交易的申报数量和买卖申报方向。买入申报和卖出申报在数量上相近，就可以构成约定交易的申报数量要件和买卖申报方向要件的充分条件。

第二十六条 具有下列情形的，可以认定为约定交易操纵：

（一）与他人串通；

（二）以事先约定的时间、价格和方式，与他人相互进行证券交易；

（三）影响证券交易价格或者证券交易量。

第四节 洗售操纵认定

第二十七条 本指引所称洗售操纵，是指《证券法》第七十七条第一款第（三）项所列示的操纵证券市场的手段，即在自己实际控制的账户之间进行证券交易，影响证券交易价格或者证券交易量。

第二十八条 自己实际控制的账户，是指行为人具有管理、使用或处分权益的账户，主要包括下列账户：

（一）行为人以自己名义开设的实名账户；

（二）行为人以他人名义开设的账户；

（三）行为人虽然不是账户的名义持有人，但通过投资关系、协议或者其他安排，能够实际管理、使用或处分的他人账户。

第二十九条 行为人具有下列情形的，可以认定为洗售操纵：

（一）在自己实际控制的账户之间进行证券交易；

（二）影响证券交易价格或者证券交易量。

第五节 其他手段认定

第三十条 本指引所称其他手段，是指《证券法》第七十七条第一款第

(四)项所指的其他操纵证券市场的手段,主要指下列类型:

(一)蛊惑交易操纵;

(二)抢帽子交易操纵;

(三)虚假申报操纵;

(四)特定时间的价格或价值操纵;

(五)尾市交易操纵;

(六)中国证监会认定的其他操纵证券市场的行为。

法律、行政法规或者规章对其他手段另有规定的,适用其规定。

第三十一条　本指引所称蛊惑交易操纵,是指行为人进行证券交易时,利用不真实、不准确、不完整或不确定的重大信息,诱导投资者在不了解事实真相的情况下做出投资决定,影响证券交易价格或交易量,以便通过期待的市场波动,取得经济上的利益的行为。

第三十二条　前条所称"进行证券交易"是指行为人在编造、传播或者散布不真实、不准确、不完整或不确定的重大信息之前买入或卖出相关证券;而在编造、传播、散布不真实、不准确、不完整或不确定的重大信息及股价发生波动之后卖出或买入相关证券。

第三十三条　本指引第三十一条所称"利用不真实、不准确、不完整或不确定的重大信息"具有下列含义:

(一)行为人利用的信息是能够对证券市场上一般投资者的投资决策产生影响的不真实、不准确、不完整或不确定的重大信息;

(二)行为人具有编造或者传播或者散布不真实、不准确、不完整或不确定的重大信息的行为。

行为人可以是不真实、不准确、不完整或不确定的重大信息的编造者,也可以是其传播者或者散布者。对于重大信息,应参照本指引第十九条第二款的规定进行认定。

第三十四条　行为人具有下列情形的,可以认定为蛊惑交易操纵:

（一）具有利用不真实、不准确、不完整或不确定的重大信息的行为；

（二）在编造、传播或者散布不真实、不准确、不完整或不确定的重大信息之前或者之后进行证券交易；

（三）影响证券交易价格或交易量。

第三十五条 本指引所称抢帽子交易操纵，是指证券公司、证券咨询机构、专业中介机构及其工作人员，买卖或者持有相关证券，并对该证券或其发行人、上市公司公开做出评价、预测或者投资建议，以便通过期待的市场波动取得经济利益的行为。

但上述机构及其人员依据有关法律、行政法规、规章或有关业务规则的规定，已经公开做出相关预告的，不视为抢帽子交易操纵。

第三十六条 具有下列情形之一的，视为前条所称公开做出评价、预测或者投资建议：

（一）证券公司、证券咨询机构、专业中介机构及其工作人员在报刊、电台、电视台等传统媒体上对相关证券或其发行人、上市公司做出评价、预测或者投资建议的；

（二）证券公司、证券咨询机构、专业中介机构及其工作人员在电子网络媒体上对相关证券或其发行人、上市公司做出评价、预测或者投资建议的；

（三）从事会员制业务的证券公司或者证券咨询机构，通过报刊、电台、电视台、网站等媒体或利用传真、短信、电子信箱、电话、软件等工具，面向会员对相关证券或其发行人、上市公司做出评价、预测或者投资建议的。

第三十七条 具有下列情形的，可以认定为抢帽子交易操纵：

（一）行为人是证券公司、证券咨询机构、专业中介机构及其工作人员；

（二）行为人对相关证券或其发行人、上市公司公开做出评价、预测或者投资建议；

（三）行为人在公开做出评价、预测或者投资建议前买卖或持有相关

证券;

(四)行为人通过公开评价、预测或者投资建议,在相关证券的交易中谋取利益。

第三十八条　本指引所称虚假申报操纵,是指行为人做出不以成交为目的的频繁申报和撤销申报,误导其他投资者,影响证券交易价格或交易量。

第三十九条　频繁申报和撤销申报,是指行为人在同一交易日内,在同一证券的有效竞价范围内,按照同一买卖方向,连续、交替进行3次以上的申报和撤销申报。

第四十条　具有下列情形的,可以认定为虚假申报操纵:

(一)行为人不以成交为目的;

(二)行为人做出频繁申报和撤销申报的行为;

(三)影响证券交易价格或者证券交易量。

第四十一条　本指引所称特定时间的价格或价值操纵,是指行为人在计算相关证券的参考价格或者结算价格或者参考价值的特定时间,通过拉抬、打压或锁定手段,影响相关证券的参考价格或者结算价格或者参考价值的行为。

第四十二条　本指引所称特定时间,是指计算相关证券的参考价格或者结算价格或者参考价值的特定时间。对于特定时间,应依据法律、行政法规、规章、业务规则的规定或者依据发行人、上市公司、相关当事人的公告内容进行认定。

第四十三条　本指引所称拉抬、打压或锁定,是指行为人以高于市价的价格发出买入申报致使证券交易价格上涨,或者以低于市价的价格发出卖出申报致使证券交易价格下跌,或者通过发出买入或者卖出申报致使证券交易价格形成虚拟的价格水平。

第四十四条　具有下列情形的,可以认定为特定时间的价格或价值操纵：

（一）交易时间为计算相关证券的参考价格或者结算价格或者参考价值的特定时间；

（二）行为人具有拉抬、打压或锁定证券交易价格的行为；

（三）影响特定时间的价格或价值。

第四十五条 本指引所称尾市交易操纵，是指行为人在即将收市时，通过拉抬、打压或锁定手段，操纵证券收市价格的行为。

第四十六条 前条所称即将收市时，是指证券交易所集中交易市场收市前的15分钟时间。

对于其他市场的即将收市时，应根据各个市场的具体情况按照个案认定。

第四十七条 具有下列情形的，可以认定为尾市交易操纵：

（一）交易发生在即将收市时；

（二）行为人具有拉抬、打压或锁定证券交易价格的行为；

（三）影响证券收市价格。

第四章 不构成操纵行为的情形

第四十八条 上市公司、上市公司控股股东或其他市场参与人，依据法律、行政法规和规章的规定，进行下列市场操作的，不构成操纵行为：

（一）上市公司回购股份；

（二）上市公司控股股东及相关股东为履行法定或约定的义务而交易上市公司股份；

（三）经中国证监会许可的其他市场操作。

第五章 违法所得认定

第四十九条 违法所得，是指行为人实施操纵行为获取的不正当利益。其所得不正当利益的形式,既可以表现为持有的现金,也可以表现为持有的证券。

第五十条　违法所得的计算,应以操纵行为的发生为起点,以操纵行为终止、操纵影响消除、行政调查终结或其他适当时点为终点。

第五十一条　在计算违法所得的数额时,可参考下列公式或专家委员会认定的其他公式:

违法所得 = 终点日持有证券的市值 + 累计卖出金额 + 累计派现金额 - 累计买入金额 - 配股金额 - 交易费用

前款所称交易费用,是指已向国家交纳的税费、向证券公司交付的交易佣金、登记过户费、交易中其他合理的手续费等。

第六章　从重处罚情形的认定

第五十二条　有下列情形之一的,应依法从重处罚:

(一)涉案金额及违法所得数额较大的;

(二)社会影响恶劣的;

(三)以暴力、胁迫手段强迫他人操纵证券交易价格或证券交易量的;

(四)与上市公司及其关联人合谋操纵证券交易价格或证券交易量的;

(五)拒绝、阻碍证券监管机构及其工作人员依法执行公务或以暴力、威胁及其他恶劣手段干扰证券监管机构及其工作人员执行公务的;

(六)操纵证券市场受过行政或刑事处罚,又操纵证券市场的。

第七章　从轻、减轻或不予处罚情形的认定

第五十三条　有下列情形之一的,应当依法从轻或者减轻处罚:

(一)主动消除或者减轻操纵行为危害后果的;

(二)受他人胁迫有操纵行为的;

(三)配合证券监管机关调查且有立功表现的;

（四）其他依法从轻或者减轻行政处罚的。

操纵行为轻微并及时纠正，没有造成危害后果的，依法不予行政处罚。

第八章　证 明 标 准

第五十四条　操纵行为的认定，应当适用明显优势证明标准。

第九章　附　　则

第五十五条　行为人操纵某一证券品种的交易价格或者交易量，其目的在于影响其他证券品种的交易价格或者交易量的，该操纵行为由中国证监会参照本指引的相关规定进行认定。

第五十六条　中国证监会职能部门可以就市场操纵的专业技术问题咨询并采用专家委员会的意见。

第五十七条　本指引由中国证监会负责解释。

第五十八条　本指引自印发之日起施行。

全国人民代表大会常务委员会关于维护互联网安全的决定（节录）（2009 年修正）

➢ 编造并传播证券、期货交易虚假信息相关条文

三、为了维护社会主义市场经济秩序和社会管理秩序，对有下列行为之一，构成犯罪的，依照刑法有关规定追究刑事责任：

……

（四）利用互联网编造并传播影响证券、期货交易或者其他扰乱金融秩序的虚假信息；

……

中华人民共和国注册会计师法
（节录）（2014 年修正）

➢ 提供虚假证明文件罪、出具证明文件重大失实相关条文

第二十条　注册会计师执行审计业务，遇有下列情形之一的，应当拒绝出具有关报告：

（一）委托人示意其作不实或者不当证明的；

（二）委托人故意不提供有关会计资料和文件的；

（三）因委托人有其他不合理要求，致使注册会计师出具的报告不能对财务会计的重要事项作出正确表述的。

第二十一条　注册会计师执行审计业务，必须按照执业准则、规则确定的工作程序出具报告。

注册会计师执行审计业务出具报告时，不得有下列行为：

（一）明知委托人对重要事项的财务会计处理与国家有关规定相抵触，而不予指明；

（二）明知委托人的财务会计处理会直接损害报告使用人或者其他利害关系人的利益，而予以隐瞒或者作不实的报告；

（三）明知委托人的财务会计处理会导致报告使用人或者其他利害关系人产生重大误解，而不予指明；

（四）明知委托人的会计报表的重要事项有其他不实的内容，而不予指明。

对委托人有前款所列行为，注册会计师按照执业准则、规则应当知道的，适用前款规定。

第三十九条第三款　会计师事务所、注册会计师违反本法第二十条、第二十一条的规定，故意出具虚假的审计报告、验资报告，构成犯罪的，依法追究刑事责任。